prépabac

Cours & entraînement

Sciences de la vie et de la Terre

2de

Jocelyne Cialec
Professeur au lycée Sévigné de Paris

Hatier

À mes trois fils Kevin, Yacine et Julien-Sory

Maquette de principe : Frédéric Jély
Mise en page : Compo-Méca
Schémas : Bernard Sullerot
Édition : Anne Panaget
Iconographie : Hatier Illustration

978-2-218-96894-5

Mode d'emploi

Votre ouvrage Prépabac

- Conforme au programme de SVT 2de entré en vigueur à la rentrée 2010, ce « Prépabac » vous propose un **outil de travail** complet et efficace.
- Sur chaque thème du programme, vous trouverez : un **cours** structuré, des fiches de **méthode**, des **exercices** progressifs et leurs **corrigés** détaillés.
- Assorties de nombreux **commentaires** et **conseils** de l'auteur, toutes ces ressources vous permettent de vous entraîner efficacement et d'aborder en confiance vos contrôles durant l'année.

COURS MÉTHODE EXERCICES CORRIGÉS

Sur le site www.annabac.com

- L'achat de cet ouvrage vous permet de bénéficier d'un **accès GRATUIT** aux **ressources d'annabac.com** : fiches de cours, podcasts audio, exercices et sujets corrigés...
- Pour profiter de cette offre, rendez-vous sur **www.annabac.com**, dans la rubrique « Vous avec acheté un ouvrage Hatier ? »*

* La saisie d'un mot clé du livre (lors de votre première visite) vous permettra de créer un compte personnel.

sommaire

LA TERRE DANS L'UNIVERS, LA VIE ET L'ÉVOLUTION DU VIVANT

LES ENJEUX PLANÉTAIRES CONTEMPORAINS

L'EXERCICE PHYSIQUE ET LA SANTÉ

1 La Terre, une planète rocheuse particulière du système solaire

I Les objets en gravitation autour du Soleil

1 Planètes et satellites

■ Les **planètes naines** sont Pluton, Charon, Cérès et Xena. Ce sont des corps célestes qui :

– sont placés en orbite autour du Soleil ;

– possèdent une masse suffisante pour que, par leur gravité propre, ils puissent atteindre une forme presque sphérique ;

– n'ont pas un environnement libre d'objets autour de leur orbite.

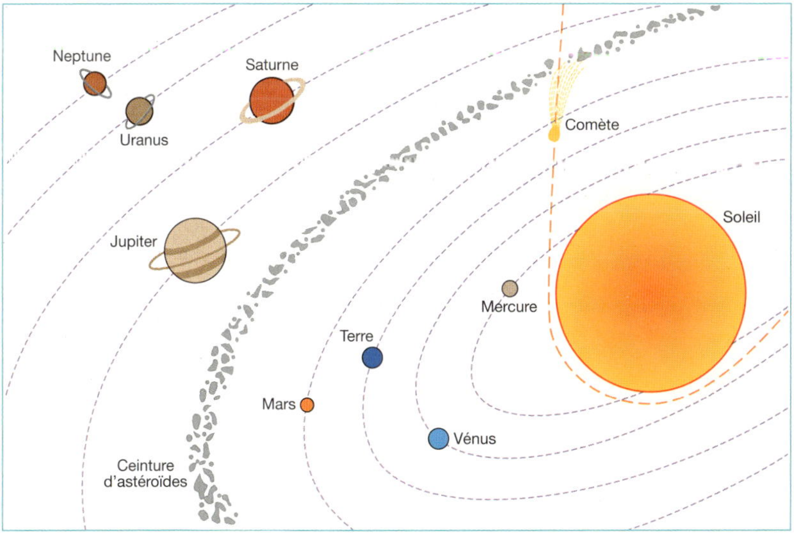

Doc. 1. Le système solaire.

■ **Planètes** et **satellites** sont des astres qui sont placés en orbite autour du Soleil. Leur masse est suffisante pour que, par leur gravité, ils puissent atteindre une forme presque sphérique. De plus le voisinage de leur orbite est libre.

2 Astéroïdes et comètes

Ce sont tous les autres objets qui sont en orbite autour du Soleil.

■ Les **astéroïdes** sont des objets métalliques et rocailleux trop petits pour être considérés comme des planètes et placés en orbite autour du Soleil. Selon les théories, les astéroïdes sont :

– soit les restes de la formation du système solaire ;

– soit les débris d'une planète détruite il y a longtemps, suite à une collision massive ;

– soit plus probablement des objets célestes qui ne se sont jamais agglomérés pour former une planète.

■ On appelle **météroïdes** les astéroïdes qui sont sur une trajectoire de collision avec la Terre. Lorsqu'un météroïde entre à très grande vitesse dans notre atmosphère, la friction qu'il subit provoque son incinération en laissant une trace de lumière appelée météore ou étoile filante. Lorsque la combustion du météroïde est incomplète, ce qui reste percute la surface de la Terre et est appelé **météorite**.

■ Les **comètes** sont de petits corps célestes de formes irrégulières, formées d'un mélange de gaz gelés et de particules non volatiles. Elles possèdent une orbite très elliptique qui les amène très près du Soleil et les projette loin dans l'espace, souvent au-delà de l'orbite de Pluton.

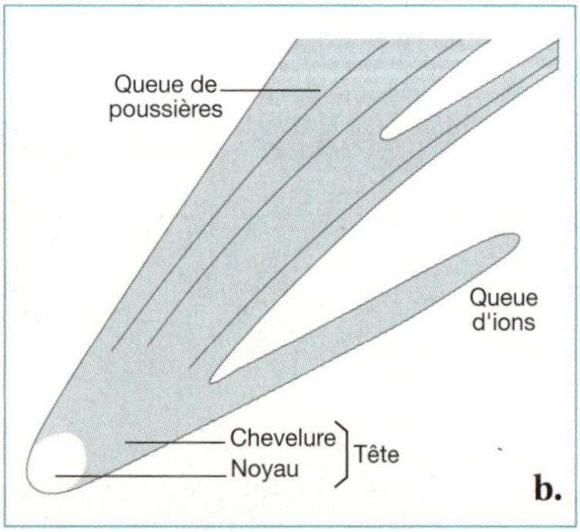

Doc. 2. Les comètes. a. La comète West. **b.** Schéma explicatif.

Les comètes présentent toutes, sur leur pourtour, un nuage de matériel diffus appelé la chevelure qui normalement grossit et devient plus lumineux lorsqu'elles se rapprochent du Soleil. Un petit noyau brillant de moins de 10 km de diamètre est fréquemment aperçu au centre de la chevelure. Le noyau et la chevelure forment ensemble la tête de la comète.

■ Par l'analyse de la composition chimique des comètes et des météorites (surtout les chondrites), on a pu avoir des informations sur la formation du système solaire et aussi sur celle de la Terre.

II Comparaisons des planètes du système solaire

1 Les planètes et les satellites rocheux

■ Les planètes rocheuses du système solaire sont Mercure, Vénus, Terre et Mars. La Lune est le satellite de la Terre. Ces planètes et la Lune ont une surface rocheuse, la croûte, et sont constituées d'enveloppes concentriques (lithosphère, manteau, noyau) provenant d'une activité géologique interne antérieure.

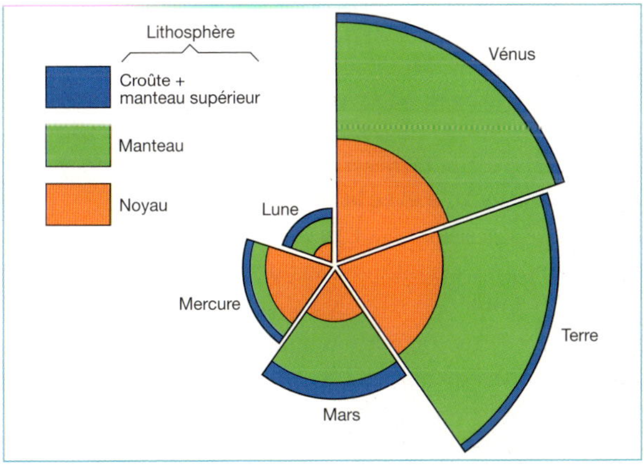

Doc. 3. Structure interne des planètes rocheuses et de la Lune. Les planètes rocheuses présentent la même organisation, seul le volume occupé par chacune des enveloppes varie. On note cependant que Vénus et la Terre ont des enveloppes ayant un volume sensiblement comparable.

Planètes	Distance moyenne au Soleil (millions de km)[1]	Diamètre (km)	Masse volumique ($g \cdot cm^{-3}$)	Composants chimiques principaux	Période orbitale[2] (= révolution)	Température approximative (°C)
Mercure	58	4 878	5,4	silicates, fer, nickel	88 jours	– 170/+ 400
Vénus	108	12 104	5,3	silicates, fer, nickel	224,7 jours	+ 460
Terre	150	12 757	5,5	silicates, fer, nickel	365,3 jours	– 60/+ 60
Mars	228	6 794	3,9	silicates, fer, soufre	687 jours	– 100/+ 20

Doc. 4A. Caractéristiques physiques et chimiques des planètes rocheuses.

1. La distance moyenne au Soleil se mesure aussi en Unité Astronomique (UA).
1 UA = distance moyenne Terre-Soleil, soit environ 150 millions de kilomètres.
2. Période orbitale = temps mis par une planète pour parcourir son orbite autour du Soleil.

■ Les planètes rocheuses sont les plus proches du Soleil et les plus denses (3,9 à 5,4). La composition du manteau et du noyau varie selon les planètes. Les enveloppes sont constituées d'éléments lourds comme le fer et les silicates (association de silicium et d'oxygène). C'est parce qu'elles sont composées essentiellement de roches silicatées qu'on les appelle planètes rocheuses.

■ Contrairement aux autres planètes rocheuses qui sont soit trop éloignées soit trop proches du Soleil, la Terre est à une bonne distance du Soleil pour avoir une **température compatible avec la vie**.

■ Comme la Terre est encore l'objet de séismes, d'éruptions volcaniques et de mouvements tectoniques, on dit que c'est une planète géologiquement active. C'est une **planète vivante**.

■ Jusqu'à une date récente, on avait supposé que le volcanisme lunaire s'était arrêté il y a des milliards d'années mais Peter Schultz et son équipe de scientifiques de l'Université Brown (Rhode Island, USA) ont publié des informations qui démontreraient une activité géologique récente sur la Lune. Il resterait un endroit où un dégazage pourrait se produire encore aujourd'hui.

2 Les planètes gazeuses

Planètes	Distance moyenne au Soleil (millions de km)[1]	Diamètre (km)	Masse volumique ($g \cdot cm^{-3}$)	Composants chimiques principaux	Période orbitale[3] (= révolution)	Température approximative (°C)
Jupiter	778	142 803	1,3	hydrogène, hélium	11,9 années	– 140
Saturne	1 427	120 002	0,7	hydrogène, hélium	29,5 années	– 160
Uranus	2 871	50 800	1,2	hydrogène, hélium	84 années	– 180
Neptune	4 497	48 600	1,7	hydrogène, hélium	164,8 années	– 200
Pluton	5 914	2 290	2	glaces[2], silicates	247,7 années	– 250

Doc. 4B. Caractéristiques physiques et chimiques des planètes gazeuses.

1. La distance moyenne au Soleil se mesure aussi en Unité Astronomique (UA).
1 UA = distance moyenne Terre-Soleil, soit environ 150 millions de kilomètres.
2. Mélange de glaces d'eau, de méthane et d'oxydes de carbone.
3. Période orbitale = temps mis par une planète pour parcourir son orbite autour du Solcil.

■ Les planètes géantes du système solaire sont Jupiter, Saturne, Uranus et Neptune. Ce sont des planètes gazeuses qui ne possèdent donc pas de surface solide. Elles sont éloignées du Soleil, de grande taille (diamètre à l'équateur supérieur à 50 000 km) et de densité inférieure à 2.

■ Comme les planètes géantes possèdent beaucoup moins d'éléments lourds et qu'elles sont soumises à des températures de surface inférieures à – 220 °C, elles ont conservé leur gaz.

III Les particularités de la Terre

1 Une planète avec une lithosphère

■ La Terre est constituée d'une **lithosphère** formée de roches d'origines et de densités différentes. Cette planète rocheuse va subir l'érosion et le volcanisme qui effaceront les traces laissées par les cratères d'impact météoritiques.

■ La lithosphère est constituée de plaques en mouvement. La dissipation de l'énergie interne est à l'origine du mouvement des plaques et des séismes ainsi que du volcanisme.

2 Une planète avec une atmosphère

Planète ou satellite	Pression atmosphérique de surface[1]	Épaisseur supposée de l'atmosphère	Principaux gaz (air sec)[2]
Mercure	2×10^{-9} hPa	Quasi inexistante	He, Na, K, H (traces)
Vénus	9×10^{4} hPa	350 km	CO_2 (96 %), N_2 (3,5 %)
Terre	10^{5} Pa	500 km	N_2 (78 %), O_2 (21 %), Ar (0,93 %), CO_2 (0,03 %)
Lune	0	Inexistante	–
Mars	6 hPa	Supérieure à 100 km	CO_2 (95 %), N_2 (3 %), Ar (2 %)
Jupiter	très élevée ?	1 000 km	H_2 (78 %), He (20 %), CH_4 (2 %)
Saturne	très élevée ?	1 000 km	H_2 (88 %), He (10 %), CH_4 (2 %)
Titan	$1{,}6 \times 10^{3}$ hPa	Supérieure à 300 km	N_2, CH_4, Ar, O_2, H_2
Uranus	très élevée ?	6 500 km	H_2, He, CH_4
Neptune	très élevée ?	4 500 km	H_2, He, CH_4
Triton	10^{-2} hPa	5-10 km	N_2, CH_4
Pluton	10^{-3} hPa	Très faible	CH_4, N_2 (supposée)

Doc. 5. Caractéristiques physiques et chimiques des atmosphères planétaires et de celles de trois satellites (Lune, Triton et Titan).

1. Pour les planètes géantes, les mesures de pression atmosphérique en surface sont impossibles.
2. L'eau à l'état gazeux existe dans les atmosphères sous forme de vapeur à des concentrations variables (sur Terre : de 2 à 7 % des gaz atmosphériques).

■ On remarque que les atmosphères planétaires sont très diversifiées.

Une enveloppe de gaz appelée **atmosphère** entoure la Terre. Cette enveloppe de gaz contient des molécules dont le poids est suffisant pour les empêcher de s'échapper dans l'espace. La Terre retient ainsi le dioxygène (O_2) et le diazote (N_2), qui sont des molécules lourdes.

■ L'atmosphère originale de la Terre est caractérisée par une teneur importante en dioxygène (21 %) et une très faible concentration de dioxyde de carbone (0,03 %), ce qui n'est pas le cas sur les autres planètes rocheuses. Cependant la Terre ne peut retenir l'hélium et le dihydrogène, gaz trop légers qui s'échappent dans l'espace.

3 Une planète avec une hydrosphère

La Terre est l'unique planète du système solaire à posséder de l'eau sous les trois états, liquide, solide et gazeux. De par sa position ni trop proche, ni trop éloignée du Soleil, la Terre reçoit une quantité d'énergie lumineuse suffisante pour permettre une température moyenne de 14 °C à sa surface et la présence d'une hydrosphère, constituée d'eau liquide en grande partie (3/4 de la surface de la Terre). C'est la raison pour laquelle, vue de l'espace, la Terre apparaît comme une **planète bleue.**

4 Une planète avec une biosphère

- La **biosphère** est l'ensemble des êtres vivants existant à la surface de la planète. L'apparition et la mise en place de la biosphère sont étroitement liées à la présence d'eau liquide sur Terre.

5 Bilan

- La Lune et Mercure n'ont pas d'atmosphère, Mars et Vénus possèdent la même atmosphère très riche en dioxyde de carbone. Sur Mars, on trouve de l'eau sous forme de vapeur ou de glace et sur Vénus, l'eau est trouvée en très faible quantité et à l'état de vapeur.

- Les particularités de la Terre reposent en partie sur la **présence de l'eau liquide** à sa surface et sur celle d'une **atmosphère épaisse**, riche en dioxygène et très pauvre en dioxyde de carbone, ce qui a rendu possible l'**apparition de la vie**. La présence d'une atmosphère est en relation avec la taille de la Terre car le diamètre de la Terre est suffisant pour permettre la rétention des gaz constituant son atmosphère.

La distance Terre-Soleil est adéquate (1 UA) pour que règne à la surface de la Terre une température ni trop basse, ni trop élevée et **propice à l'installation de la vie**.

On a observé sur Terre, le développement de bactéries dans des milieux extrêmes de très hautes ou parfois très basses températures. La présence de bactéries dans de tels milieux est un argument en faveur d'une vie hypothétique sur certaines planètes, en particulier sur Mars.

La présence d'eau liquide dépend de conditions de pression et de température rencontrées actuellement uniquement à la surface de la Terre et peut-être sur Mars à quelques kilomètres de profondeur. C'est ce qui permet d'émettre des hypothèses sur d'éventuelles formes de vie sur Mars.

SCHÉMA BILAN

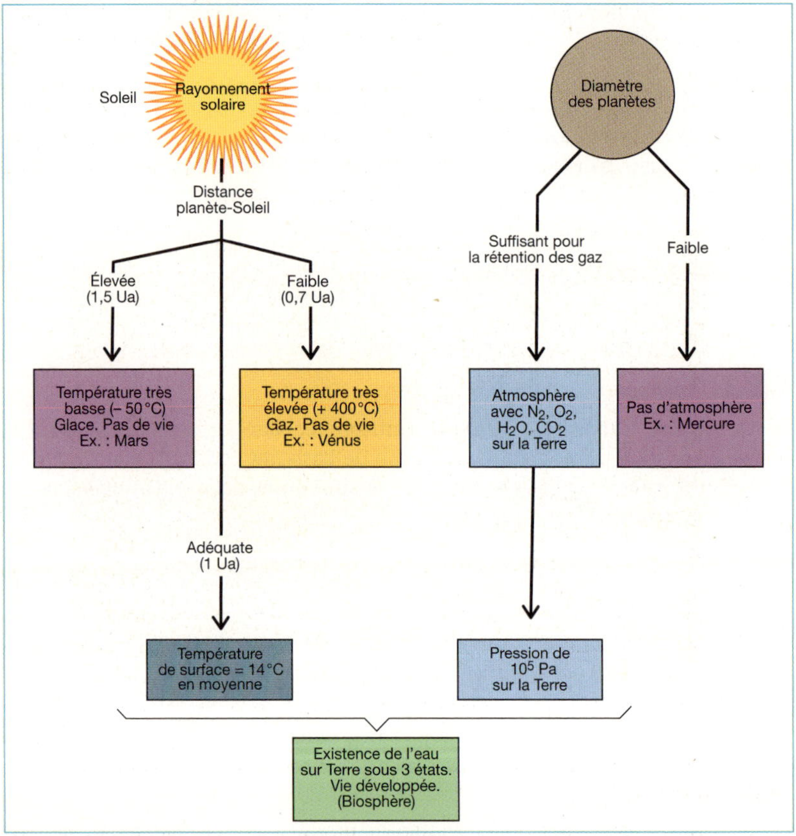

Doc. 6. Les conditions de la vie : une particularité de la Terre.

Moyens utilisés pour explorer le système solaire

L'homme a envoyé dans l'espace de nombreuses sondes qui sont équipées d'appareils de haute technologie pouvant prendre des clichés dans les rayonnements visible et infrarouge. Les données recueillies par les sondes sont transmises à la Terre où elles sont étudiées et analysées.

Parmi ces sondes, *Cassini* a été lancée le 15 octobre 1997 pour l'observation de Vénus et Jupiter, et *Phénix* le 4 août 2007. Son arrivée est prévue pour le 25 mai 2008 sur Mars. Le débarquement se fera près de la calotte polaire nord afin de rechercher et d'analyser la glace sous la surface de Mars.

Doc. 7. Vue de Mars obtenue par la sonde *Spirit* en octobre 2005.

Informations apportées par les cratères d'impact des météorites

- On a observé à la surface des planètes telluriques et de certains satellites (par exemple la Lune) de nombreux cratères résultant de l'impact des météorites.
- On peut obtenir des informations sur l'âge de la planète en fonction de la densité des cratères.
- Entre 1969 et 1972, à l'issue des expéditions lunaires des missions américaines Apollo, des roches lunaires (par exemple des basaltes) ont été rapportées sur la Terre et on a pu les dater par radiochronologie.
- Sur une planète active comme la Terre et constamment modelée par l'érosion, certaines traces d'impact de météorites ont disparu.

Zone d'habitabilité du système solaire

■ C'est la zone théorique habitable située autour des étoiles et où les conditions physiques sont réunies pour que d'une part l'eau puisse rester liquide à la surface d'une planète et que d'autre part la vie, sous la forme que nous connaissons, puisse apparaître.

L'étendue de cette zone dépend du type d'étoile et de l'intensité de la lumière qu'elle émet. Plus les étoiles sont âgées, plus elles deviennent lumineuses, reculant ainsi la limite de la zone. Les réservoirs d'eau liquide d'une planète dépendent de la distance entre elle et l'étoile autour de laquelle elle gravite.

■ Cette zone située autour du Soleil dans le système solaire, a été estimée et est comprise entre 0,95 et 1,67 UA. C'est la zone où évolue la Terre. Mais dans quelques milliards d'années, il se pourrait que cette zone dépasse l'orbite de Mars et à ce moment-là, la vie pourra alors se développer sur Mars.

■ Par la recherche astrobiologique dans les milieux extrêmes terrestres on a pu mettre en évidence l'existence d'oasis dans les environnements les plus extrêmes.

Ainsi sont apparus de nouveaux horizons pour la recherche de la vie sur d'autres planètes comme Mars qui ne sont plus les seules à être considérées comme potentiellement habitables.

Vérifier ses connaissances

Dans les exercices 1 à 3, relevez les affirmations exactes et corrigez celles qui sont inexactes.

1 Les objets du système solaire :

a. ne sont pas tous en gravitation autour du Soleil.

b. sont les planètes naines, les huit planètes et leurs satellites, les astéroïdes et les comètes.

c. peuvent être classés en fonction de leur taille et de leur position dans l'espace.

d. ne peuvent pas être classés en fonction des caractéristiques de leur surface et de leur atmosphère.

▸ corrigé p. 20

2 Le Soleil :

a. est un astre produisant de l'énergie lumineuse.

b. n'est pas une planète.

c. n'est pas une étoile.

d. a uniquement des planètes en orbite autour de lui.

▸ corrigé p. 20

3 Les planètes telluriques :

a. sont les planètes placées au delà de la ceinture des astéroïdes ou planètes externes.

b. n'ont pas toutes une atmosphère.

c. ont une densité faible.

d. sont essentiellement constituées de silicates.

▸ corrigé p. 20

S'entraîner

4 Exploitation d'un graphique

Par l'analyse d'échantillons provenant des surfaces des planètes telluriques, on a pu mettre en évidence une activité volcanique actuelle ou passée et en déterminer la durée.

On a pu représenter sur le graphique ci-après l'activité volcanique des planètes telluriques en fonction de leur diamètre, et cela depuis leur formation.

1. Donnez un titre à ce graphique.

2. Présentez les variations constatées.

3. Sachant que les diamètres de Mercure, Vénus, Terre, Lune et Mars sont respectivement de 4 880 km, 12 110 km, 12 756 km, 3 476 km et 6 794 km, utilisez vos connaissances pour expliquer ces variations.

▸ corrigé p. 20

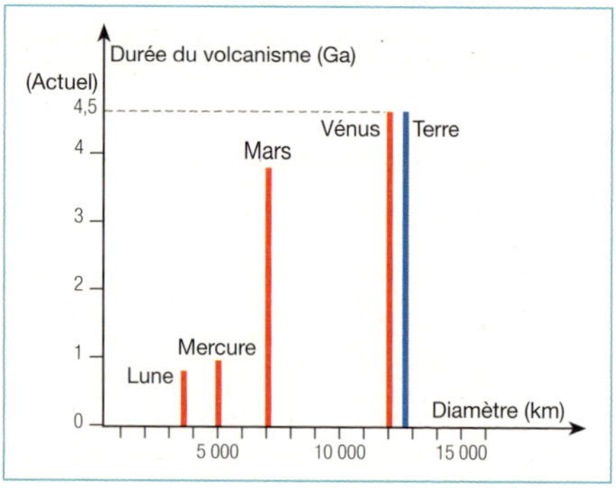

Doc. 8.

5 Relation entre température de surface et distance au Soleil

Le tableau ci-dessous indique la distance au Soleil et la température théorique moyenne de surface de quelques objets célestes.

Corps du système solaire	Distance moyenne au Soleil (UA)	Température thermique calculée (°C)
Mercure	0,387	+ 140
Vénus	0,723	+ 30
Terre	1	– 18
Lune	1	– 18
Mars	1,523	– 60

Doc. 9. Distance au Soleil et température moyenne de quelques objets célestes.

1. Utilisez les informations du tableau pour montrer la relation existant entre la température de surface des objets célestes présentés et leur distance au Soleil.

2. Justifiez l'existence de l'eau sous ses trois états à la surface de la Terre.

▸ corrigé p. 20

Problème

6 L'état de la molécule d'eau

Le graphique ci-dessous représente les conditions de stabilité de chaque état de l'eau pure.

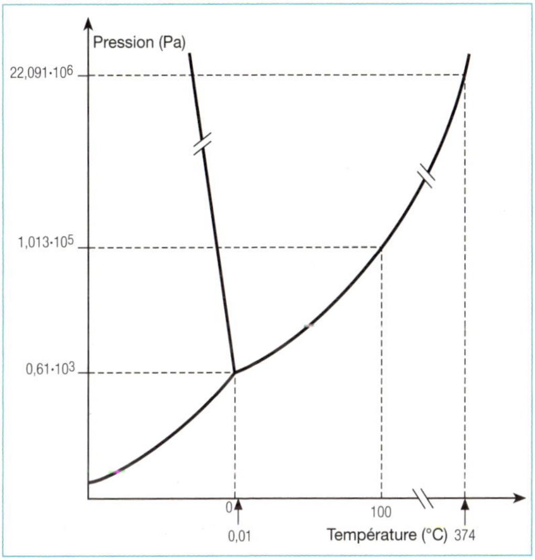

Doc. 10. Conditions de stabilité de chaque état de l'eau pure.

1. Placez sur ce graphique les trois domaines de stabilité de l'eau, liquide, solide et gaz.
2. Expliquez comment la molécule d'eau peut passer d'un état à un autre.
3. Vous en déduirez l'originalité de la planète Terre. ‣ corrigé p. 20

1 a. **Faux.** b. **Vrai.** c. **Vrai.** d. **Faux.**

2 a. **Vrai.** b. **Vrai.** c. **Faux.** d. **Faux**, comètes et astéroïdes sont aussi en orbite autour du Soleil.

3 a. **Faux**, ce sont les planètes internes, les plus proches du Soleil. b. **Vrai.** c. **Faux**, leur densité est élevée. d. **Vrai**, et aussi de fer.

4 1. Variation de la durée du volcanisme des planètes telluriques en fonction de leur diamètre.
2. Alors que Vénus et la Terre sont encore actives, le volcanisme a cessé vers 3,8 Ga sur Mars, vers 1 Ga sur Mercure et vers 0,8 Ga sur la Lune.
3. La durée du volcanisme est à mettre en relation avec la taille de la planète et la quantité de matière radioactive contenue dans le manteau et le noyau. Vénus et la Terre ayant un diamètre supérieur à celui de Mars, Mercure et la Lune, elles ont encore actuellement une activité interne.

5 1. Lorsque la planète est plus proche du Soleil que la Terre, (par exemple Mercure), la température est plus élevée que sur Terre. Si la planète est plus éloignée du Soleil que la Terre (par exemple Mars), la température est plus basse.
2. La Terre est à une distance adéquate du Soleil pour que l'eau existe sous ses trois états, solide, liquide et gazeux.

6 1.

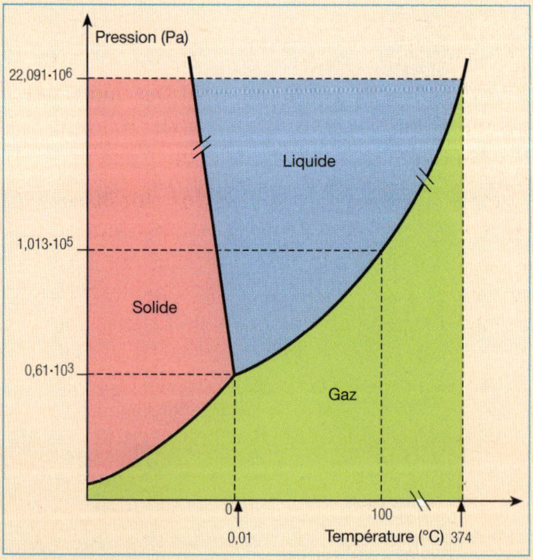

Doc. 11.
Les trois domaines de stabilité de l'eau, liquide, solide et gaz.

2. La molécule d'eau peut passer d'un état à un autre lorsque la pression et la température varient soit conjointement, soit séparément.
3. La planète Terre est la seule du système solaire à posséder à sa surface l'eau sous ses trois états.

2 Les éléments chimiques constituant les êtres vivants

I Le monde vivant et le monde minéral : des éléments chimiques communs

■ Dans notre environnement, on distingue le monde **minéral** comprenant des composantes minérales naturelles et le monde **vivant** formé par l'ensemble des êtres vivants.

■ Les composantes minérales naturelles sont les **roches** de la lithosphère, l'**eau** de l'enveloppe hydrosphérique et les **gaz** de l'atmosphère. Les êtres vivants, animaux et végétaux forment la **biosphère.**

■ Dans la croûte terrestre, l'oxygène est l'élément chimique ayant le pourcentage en poids le plus important alors que c'est pour le nickel (Ni) que le pourcentage en poids est le plus faible.

Élément chimique	F	O	H	C	SiO_2	Fe	Ca	Na	K	Mg	P	S	Cl	Ni
Pourcentage en poids	T	46,71	I	I	27,69	5,05	3,65	2,75	2,58	2,08	I	T	T	T

Doc. 1. Pourcentage en poids des éléments chimiques dans la croûte terrestre. T : Traces ; **I** : Inférieur à 1 %.

■ On trouve dans la **constitution des êtres vivants** les mêmes éléments que dans celle du monde minéral. C'est-à-dire le carbone (C), l'hydrogène (H), l'oxygène (O), l'azote (N), le potassium (K), le sodium (Na), le calcium (Ca), le soufre (S), le chlore (Cl), le phosphore (P), le fer (Fe). Ces différents éléments chimiques ne sont cependant pas trouvés dans les mêmes proportions. Le tableau ci-après indique le pourcentage en poids de quelques éléments chimiques des êtres vivants.

Élément chimique	F	O	H	C	SiO_2	Fe	Ca	Na	K	Mg	P	S	Cl	N
Pourcentage	I	62,43	8	21,15	I	T	1,9	0,08	0,23	T	I	I	I	3,10

Doc. 2. Pourcentage en poids de quelques éléments chimiques des êtres vivants. **T** : Traces ; **I** : Inférieur à 1 %.

■ Il faut noter que beaucoup d'autres éléments du règne minéral sont aussi trouvés en infime quantité chez les êtres vivants. Par exemple, les êtres vivants animaux et végétaux sont composés de minéraux (ions). Leur organisme contient également de l'eau (90 % chez les végétaux et 65 % chez les êtres humains).

II Unité de la constitution chimique des êtres vivants

■ Le tableau ci-dessous montre la composition chimique de quelques êtres vivants.

Espèce étudiée / Atome	Bactérie	Algue verte unicellulaire	Homme	Grenouille	Champignon supérieur
C	12,14	11,34	19,37	18,74	13,2
H	9,94	8,72	9,31	9,81	8,91
N	3,04	0,83	5,4	5,37	3,96
O	73,68	77,90	62,81	62,98	72,18
P	0,60	0,71	0,63	0,59	0,64
S	0,32	0,10	0,64	0,53	0,42
Total (CHNOPS)	99,72 %	99,60 %	98,16 %	98,02 %	99,31 %

Doc. 3. Composition chimique de quelques êtres vivants (en pourcentage massique d'éléments chimiques).

On observe dans le tableau que tous les êtres vivants possèdent les mêmes constituants chimiques et parfois sensiblement les mêmes proportions pour certains atomes (ex. : hydrogène, oxygène, phosphate). Le total des atomes C, H, N, O, P, S reste relativement constant pour les espèces présentées. Chez les êtres vivants, les atomes constituant les molécules sont à 99 % des atomes de carbone, oxygène, hydrogène, azote, soufre, phosphore.

L'unité chimique des êtres vivants constitue un indice de leur parenté.

■ Un être vivant possède une structure caractérisée par différents niveaux d'organisation :
- molécules ;
- organites ;
- cellules ;
- tissus ;
- organes ;
- système ou appareil ;
- organisme unicellulaire, pluricellulaire.

■ Les atomes de C, H, O, N, P, S possédés par les êtres vivants sont assemblés en molécules qui se regroupent en **unités structurales et fonctionnelles** appelées cellules. La cellule constitue l'unité de base du monde vivant. Les molécules du vivant sont appelées des **biomolécules.**

III Les molécules du vivant et leurs caractéristiques

■ Dans le corps humain, on compte environ **mille milliards de cellules**. En dehors de quelques exceptions, on peut trouver dans chaque cellule plusieurs milliers de molécules différentes se transformant et se renouvelant sans cesse. Parmi ces milliers de molécules différentes, on trouve notamment les glucides, les lipides, les protides et les acides nucléiques.

■ **Les glucides**

Les **glucides** sont des composés organiques dont le rôle est essentiel dans l'alimentation de l'homme et des animaux notamment. Ils comprennent toutes les formes de sucres, l'amidon chez les végétaux, la cellulose et la lignine constituant la paroi des cellules végétales, le glycogène chez les animaux, et bien d'autres substances.

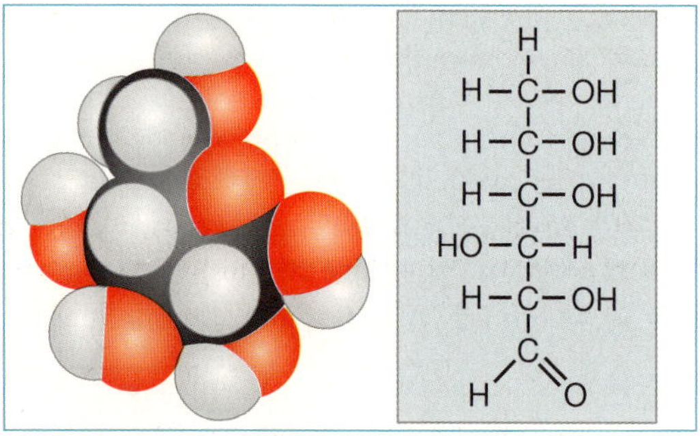

Doc. 4. Molécule de glucose. En noir, les atomes de carbone, en blanc, les atomes d'hydrogène, en rouge, les atomes d'oxygène.

Les lipides

Les lipides sont des graisses (triglycérides) ou des acides gras. Ils jouent un rôle essentiel dans la constitution des membranes biologiques. Environ 98 % des lipides comestibles sont des triglycérides, produits de l'estérification d'un alcool, le glycérol, par les acides gras.

Doc. 5. Molécule de glycérol. La formule chimique du glycérol est CH_2OH-CHOH-CH_2OH. Les acides gras ont pour formule générale CH_3-$(CH_2)n$-COOH

Les protides

Les protides sont des **protéines** constituées d'un assemblage d'acides aminés.

Exemples : enzymes, certaines hormones, des neuromédiateurs, les hémoglobines, les immunoglobulines…

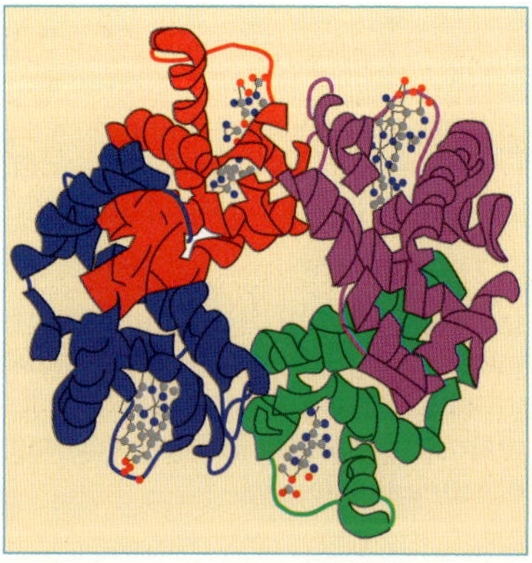

Doc. 6. La molécule d'hémoglobine est composée de plusieurs chaînes d'acides aminés.

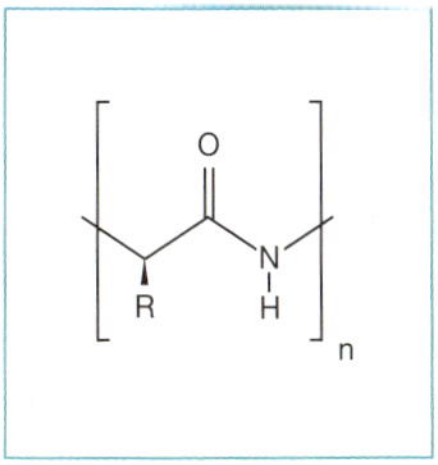

Doc. 7. Schéma général d'un acide aminé impliqué dans la structure primaire d'une protéine. R représente la chaîne latérale du résidu.

Les acides nucléiques

Ils sont constitués d'un enchaînement de nucléotides et contiennent l'information génétique (ADN et ARN, voir chapitre 4).

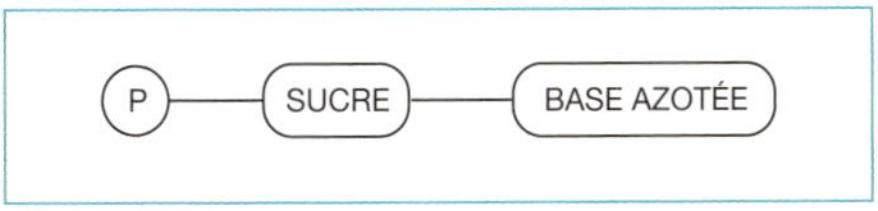

Doc. 8. Nucléotide. Un nucléotide est composé de trois parties : P, un groupement phosphate (ou acide phosphorique) ; un sucre à 5 atomes de carbone ; une base azotée, variable en fonction du type de nucléotide.

La plupart de ces molécules possèdent une **structure chimique complexe** résultant d'une **longue évolution moléculaire**. Les molécules du vivant présentent un certain nombre de caractéristiques. Ce sont des molécules de très grande taille. On les appelle des **macromolécules** parce qu'elles sont le résultat de l'enchaînement de molécules plus petites, les **monomères**. On distingue trois grands groupes de macromolécules caractérisant le vivant :

- les polysaccharides, macromolécules constituées de l'enchaînement de molécules de glucose (ex. : amidon et glycogène) ;
- les protéines, enchaînements d'acides aminés et constituant les structures des cellules ;
- l'ADN et l'ARN, formés de l'enchaînement de nucléotides. ADN et ARN sont des **polynucléotides** (poly signifiant plusieurs).

Certains constituants des êtres vivants existent de manière naturelle dans le monde inerte ; par exemple l'eau et les minéraux… Il existe d'autres constituants comme les molécules d'ATP (adénosine triphosphate) qui sont utilisées universellement par toutes les cellules du vivant pour permettre des réactions biochimiques qui nécessitent de l'énergie.

SCHÉMA BILAN

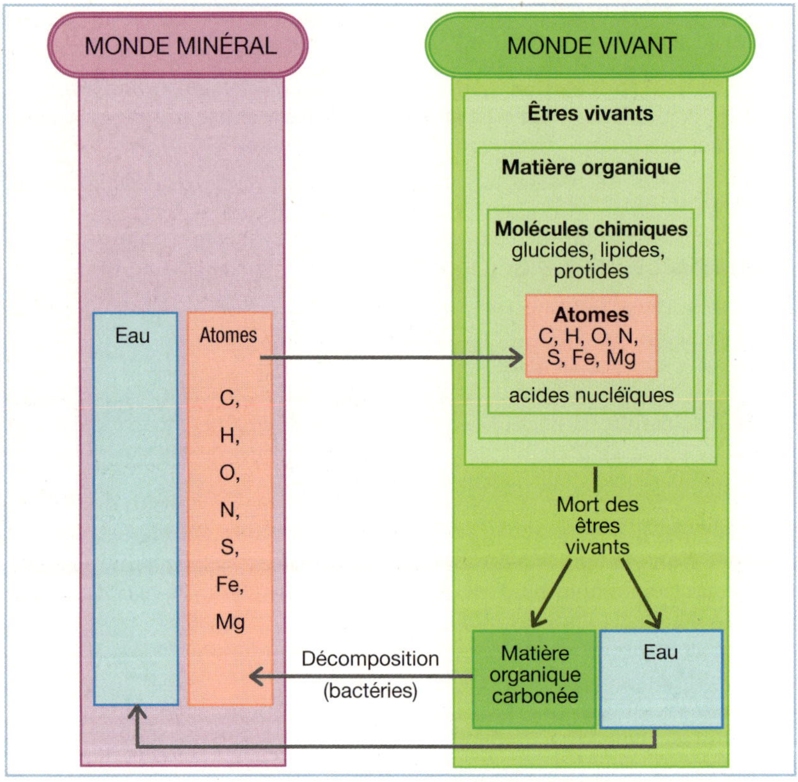

Doc. 9. Mouvement de matière et parenté chimique entre monde minéral et monde vivant.

■ Tous les êtres vivants sont constitués de cellules, composées de milliers de molécules organiques formées à partir des mêmes éléments chimiques que ceux du monde minéral. Il existe donc une même composition chimique globale commune à tous les êtres vivants et au monde minéral.

■ Les végétaux constituent la base du monde vivant car ce sont les seuls à pouvoir produire de la matière organique à partir d'éléments minéraux, de dioxyde de carbone et d'énergie lumineuse. À l'issue des réactions chimiques se déroulant dans la cellule, les atomes, unités élémentaires du monde matériel assemblés pour former des molécules, sont redistribués.

Production des molécules organiques sans rapport avec le vivant

■ Les enzymes sont des protéines catalysant la vitesse des réactions chimiques intracellulaires. La formation de certaines enzymes dépend de métaux comme le fer ou le cuivre.

Les os, les coquillages, les dents contiennent à la fois des composés organiques et des composés inorganiques.

Certaines **molécules** existent sous la forme de cristaux. Les os constituent un exemple puisqu'on y trouve des cristaux de **phosphate de calcium**.

Séparation des molécules par électrophorèse

■ L'électrophorèse est une **technique** permettant de **séparer les molécules** (protéines, peptides, acides aminés, acides nucléiques et nucléotides) en fonction de leurs charges électriques.

Dans certaines conditions, des molécules non ioniques (ex. : hormones stéroïdes) peuvent aussi être séparées.

■ On obtient ainsi différentes fractions dont la **révélation** peut être globale (par l'utilisation d'un colorant ; ex. : rouge Ponceau) ou spécifique (ex. : révélation des lipoprotéines avec un colorant des lipides).

■ On peut faire la **lecture** à l'œil nu (analyse qualitative) ou par densitométrie, c'est-à-dire l'enregistrement de l'absorbance en fonction de la distance de migration.

Vérifier ses connaissances

Dans les exercices 1 à 3, relevez les affirmations exactes.

1 Les êtres vivants contiennent :

a. peu de molécules organiques sous différents états.

b. uniquement des molécules minérales.

c. des molécules organiques ou minérales qui peuvent être sous différents états.

d. des molécules organiques et / ou minérales qui peuvent être sous différents états.

e. un grand nombre de molécules organiques ou minérales qui peuvent être sous différents états.

▸ corrigé p. 31

2 Les matériaux biologiques de base sont :

a. constitués uniquement de protéines.

b. constitués uniquement de glucides (sucres).

c. constitués uniquement de lipides.

d. constitués uniquement d'acides nucléiques.

e. constitués de protéines, de glucides (sucres), de lipides et d'acides nucléiques.

▸ corrigé p. 31

3 Les végétaux constituent la base du monde vivant car :

a. les animaux sont les seuls à pouvoir produire de la matière organique à partir de l'assimilation de nutriments (eau et ions minéraux), l'absorption du dioxyde de carbone atmosphérique et de l'énergie lumineuse.

b. ce sont les seuls à pouvoir produire de la matière organique à partir de l'assimilation de nutriments (eau et ions minéraux), l'absorption du dioxyde de carbone atmosphérique et de l'énergie lumineuse.

c. les animaux ne sont pas les seuls à pouvoir produire de la matière organique à partir de l'assimilation de nutriments (eau et ions minéraux), l'absorption du dioxyde de carbone atmosphérique et de l'énergie lumineuse.

d. les végétaux ne sont pas les seuls à pouvoir produire de la matière organique à partir de l'assimilation de nutriments (eau et ions minéraux), l'absorption du dioxyde de carbone atmosphérique et de l'énergie lumineuse.

▸ corrigé p. 31

S'entraîner

4 La composition chimique du vivant

Le tableau ci-dessous représente les atomes les plus abondants dans la croûte terrestre (en % d'atomes).

Atomes	O	Si	Al	H	Na	Ca	Fer	Mg	K	Ti
%	61	20	6	2,8	2,3	1,8	1,8	1,7	1,2	0,2

O : oxygène, Si : silicium, Al : aluminium, H : hydrogène, Na : sodium, Ca : calcium, Fe : fer, Mg : magnésium, K : potassium, Ti : titane

Doc. 10.

1. Précisez quels sont l'atome le plus abondant et le moins abondant.
2. Expliquez le pourcentage du dioxygène.

Les atomes constituant les molécules sont à 99 % des atomes de carbone, oxygène, hydrogène, azote, soufre, phosphore.

Les molécules du vivant présentent un certain nombre de caractéristiques.

3. Identifiez ces caractéristiques.
4. Indiquez le nom des deux grands groupes de macromolécules et leur constitution.

Certains constituants des êtres vivants existent de manière naturelle dans le monde inerte.

5. Précisez le nom de ces constituants.

▸ corrigé p. 31

Problème

5 La Terre est constituée d'éléments chimiques lourds (fer, oxygène, silicium, magnésium). Au moment de la formation de cette planète rocheuse, sa gravité était insuffisante pour retenir son enveloppe d'hydrogène qui, sous l'effet des radiations solaires s'est évaporée.

On trouve l'oxygène présent dans l'atmosphère sous forme de dioxygène et sous forme d'eau dans l'hydrosphère ; il entre aussi dans la composition de nombreuses roches. Le silicium et le magnésium sont des éléments constitutifs de nombreux minéraux.

Sous l'effet des rayonnements solaires et cosmiques, la composition de la surface de la Terre a évolué. Suite aux multiples combinaisons qui ont pu s'établir entre les différents éléments chimiques, des molécules de plus en plus complexes se sont formés et ainsi ont pu émerger les êtres vivants.

Le tableau ci-dessous montre l'abondance des éléments chimiques en pourcentage en nombre d'atomes, dans la croûte terrestre, l'eau de mer et le corps humain.

Croûte terrestre		Eau de mer		Corps humain	
Symbole de l'élément chimique	**% Atome**	**Symbole de l'élément chimique**	**% Atome**	**Symbole de l'élément chimique**	**% Atome**
O	47	H	66	H	61
Si	28	O	33	O	24,1
Al	8	Cl	0,33	C	12,6
Fe	4,5	Na	0,28	N	1,4
Ca	3,5	Mg	0,036	P	0,25
Na	2,5	S	0,017	Ca	0,24
Mg	2,2	Ca	0,006	S	0,05
Ti	0,46	K	0,006	Na	0,04
H	0,22	C	0,0014	K	0,03
C	0,19	Br	0,0005	Cl	0,03
				Mg	0,008

Doc. 11. Abondance des éléments chimiques en pourcentage en nombre d'atomes, dans la croûte terrestre, l'eau de mer et le corps humain.

1. Comparez l'abondance des éléments hydrogène, oxygène, carbone et azote, dans la croûte terrestre, dans l'eau de mer et dans le corps humain.

2. Expliquez le pourcentage du dioxygène et de l'hydrogène dans l'eau de mer et dans le corps humain.

3. Pourquoi l'hydrogène n'existe-t-il pas sur Terre autrement que dans des corps composés ?

4. Utilisez les informations saisies à partir du tableau et vos connaissances pour montrer comment ces éléments chimiques constituent les êtres vivants.

▸ corrigé p. 31

1 a. **Faux.** b. **Faux.** c. **Faux.** d. **Vrai.** e. **Faux.**

2 a. **Faux.** b. **Faux.** c. **Faux.** d. **Faux.** e. **Vrai.**

3 a. **Faux.** b. **Vrai.** c. **Faux.** d. **Faux.**

4 1. Le dioxygène est le plus abondant et le titane (Ti) est le moins abondant.

2. On remarque que le pourcentage d'oxygène est le plus important, il tient donc une place prépondérante.

3. Ce sont des molécules de très grande taille. On les appelle des macromolécules parce qu'elles sont le résultat de l'enchaînement de molécules plus petites, les monomères.

4. On distingue deux grands groupes de macromolécules caractérisant le vivant :
– les protéines, enchaînements d'acides aminés et constituant les structures des cellules.
– l'ADN et l'ARN formés de l'enchainement de nucléotides. ADN et ARN sont des polynucléotides.

5. Ce sont l'eau et les minéraux.

5 1. H est absent de la croûte terrestre mais très abondant dans l'eau de mer (66 %) et dans le corps humain (61 %).

O est plus abondant dans la croûte terrestre (47 %) que dans l'eau de mer (33 %) et dans le corps humain (24,1 %).

C est plus abondant dans la croûte terrestre (0,19 %) que dans l'eau de mer (0,0014 %) mais moins abondant que dans le corps humain (12,6 %).

On remarque que le pourcentage d'oxygène est le plus important, il tient donc une place prépondérante.

2. L'eau est constituée de deux atomes d'hydrogène et d'un atome d'oxygène, c'est pour cela qu'on trouve dans l'eau de mer 66 % d'atomes d'hydrogène et 33 % d'atomes d'oxygène.

3. L'hydrogène n'existe pas sur Terre autrement que dans des corps composés car au moment de la formation de cette planète rocheuse, sa gravité était insuffisante pour retenir son enveloppe d'hydrogène. Sous l'effet des radiations solaires, l'hydrogène s'est évaporé.

4. Les molécules du vivant sont de taille importante et présentent une structure chimique complexe. Les êtres vivants sont constitués d'un grand nombre de molécules organiques ou minérales. Les matériaux biologiques de base sont formés de protéines, de glucides, de lipides et d'acides nucléiques.

Deux grands groupes de macromolécules caractérisent le vivant. Ce sont les protéines, enchaînements d'acides aminés, et les polynucléotides, ARN et ADN, formés de l'enchaînement de nucléotides. Ces molécules sont constituées d'un assemblage d'atomes d'hydrogène, de carbone, d'oxygène et d'azote pour les protides.

Les molécules des êtres vivants s'auto-associent les unes aux autres par l'établissement de liaisons chimiques faibles.

Ces auto-associations dépendent uniquement des propriétés chimiques, géométriques et électriques des molécules.

3 Le métabolisme intracellulaire et son contrôle

I Les cellules du vivant : une structure commune

Parmi les êtres vivants, on distingue deux groupes, les procaryotes et les eucaryotes.

■ Les êtres vivants qui sont formés d'une seule cellule contenant un matériel génétique (chromosome) libre dans le cytoplasme non compartimenté sont les **procaryotes** (pro : primitif ; caryo : noyau). Les procaryotes n'ont pas d'enveloppe nucléaire, de ce fait, le compartiment noyau n'existe pas, ce sont des cellules primitives.

Exemple : Les bactéries sont constituées d'une seule cellule mesurant environ 1 µm (= 10^{-6} m).

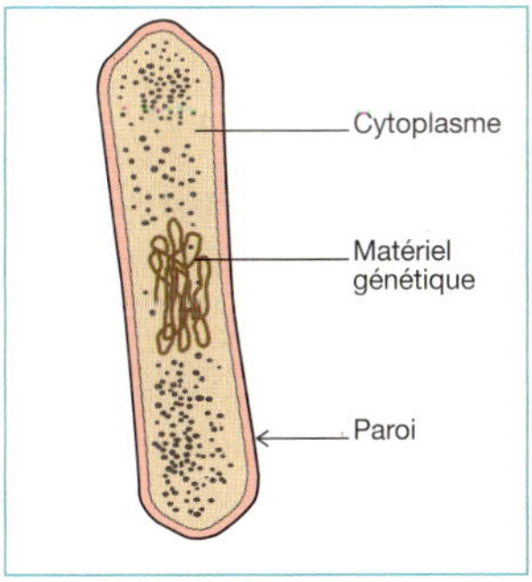

Doc. 1. Procaryote.

■ Ceux qui sont formés d'une ou de plusieurs cellules, dont l'information génétique est contenue dans un noyau délimité par une **enveloppe nucléaire** perforée et dont le cytoplasme, compartimenté, renferme plusieurs organites, sont les **eucaryotes** (eu : vrai, véritable). Les eucaryotes possèdent un véritable noyau.

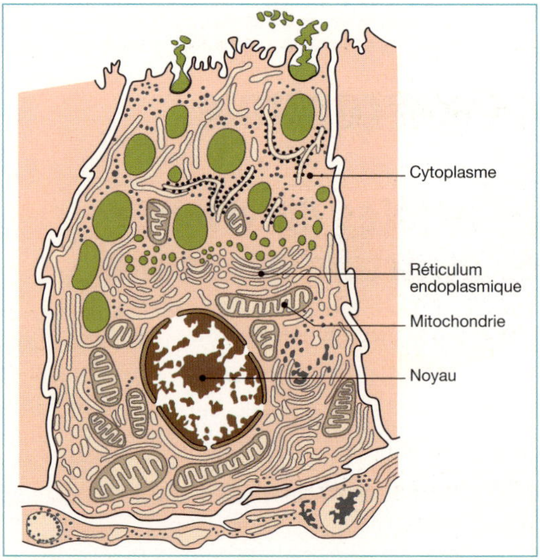

Doc. 2. Eucaryote : détail d'une cellule pancréatique. Mitochondries et réticulum endoplasmique sont des compartiments de la cellule, appelés organites.

■ En observant des coupes très fines d'organes au microscope électronique, on peut repérer le noyau et d'autres éléments ou **organites** présents dans le cytoplasme. Les organites sont des éléments intracytoplasmiques délimités par une membrane. Les organites cellulaires sont :

– le **noyau** où est stockée l'information génétique ;

– la **mitochondrie** où se déroule la production d'énergie chimique (ATP) ;

– le **réticulum endoplasmique rugueux** en forme de saccules empilés couverts de petits éléments sphériques, les **ribosomes**. La synthèse des protéines a lieu dans le réticulum endoplasmique rugueux.

■ Les cellules végétales et les cellules animales sont des cellules eucaryotes. Les cellules végétales possèdent des organites qui leur sont propres, les **chloroplastes** (présents seulement dans les cellules végétales chlorophylliennes) où se déroulera la **photosynthèse**, et la vacuole remplie d'eau et d'ions minéraux, qui est le lieu de stockage des molécules. La membrane des cellules végétales et des cellules procaryotes est entourée d'une **paroi**.

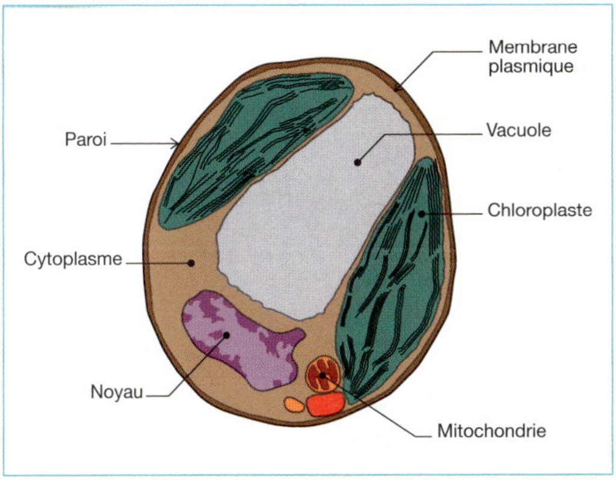

Doc. 3. Cellule végétale chlorophyllienne, cellule de feuille d'Élodée.

Quelle que soit leur taille tous les êtres vivants sont constitués de cellules, la **cellule** représente **l'unité structurale du monde vivant.**

II Étude du métabolisme intracellulaire

Pour croître et se développer, les cellules végétales chlorophylliennes ont besoin de lumière, d'eau et de substances minérales. Dans ces conditions elles sont capables de fabriquer leur propre matière organique ; elles sont dites **autotrophes** (auto : soi-même et troph : se nourrir).

Les cellules animales et les champignons doivent disposer d'une source de matière organique pour synthétiser leur propre matière organique ; ils sont appelés **hétérotrophes** (hétéro : autre).

1 Métabolisme autotrophe

Les cellules végétales chlorophylliennes utilisent le CO_2 absorbé par les feuilles, l'eau et les ions minéraux prélevés dans le sol par les racines, l'énergie lumineuse captée par les pigments chlorophylliens contenus dans les chloroplastes. Elles synthétisent ainsi leur propre matière organique et produisent du dioxygène. C'est la **photosynthèse**.

Équation bilan de la photosynthèse :

$$CO_2 + H_2O \xrightarrow{\text{Lumière}} \text{Molécules organiques glucidiques (C,H,O,N)} + O_2$$

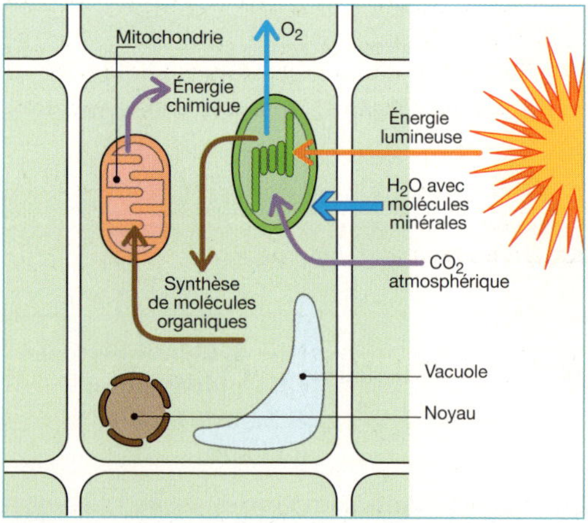

Doc. 4. Métabolisme d'une cellule autotrophe

2 Métabolisme hétérotrophe

Les organismes hétérotrophes prélèvent des molécules organiques (ex. : protéines) dans le milieu extérieur. Une partie est dégradée au cours de la respiration pour fabriquer de l'**énergie chimique** ou ATP (adénosine triphosphate), le reste est transformé en molécules de plus petite taille qui seront utilisées pour synthétiser leurs propres molécules organiques. La respiration se déroule nuit et jour dans toutes les cellules animales et végétales.

Équation bilan de la respiration :

$$O_2 + \text{Molécules organiques} \longrightarrow CO_2 + H_2O + \text{Déchets azotés (ex. : } NH_4^+) + \text{Énergie chimique (ATP)}$$

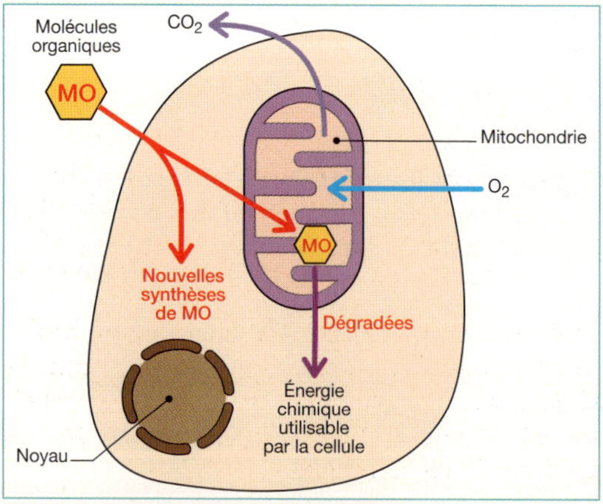

Doc. 5. Métabolisme d'une cellule hétérotrophe. L'énergie produite au cours du métabolisme est utilisée pour la croissance et la reproduction des cellules.

Toute cellule, qu'elle soit autotrophe ou hétérotrophe, occupe un volume ou compartiment, siège du métabolisme et délimité par une membrane. La cellule fonctionne de manière partiellement autonome. Par l'intermédiaire de la membrane, elle **échange de l'énergie et de la matière avec son environnement cellulaire (ou bien avec son milieu de vie).**

Par son activité métabolique, la cellule constitue bien **une unité fonctionnelle du vivant.** Cette unité structurale et fonctionnelle est commune à tous les êtres vivants et cela est bien un **argument en faveur de leur parenté.**

III Le contrôle du métabolisme cellulaire

1 Contrôle du métabolisme par le patrimoine génétique

Étude de mutations chez des levures

Les levures sont des champignons unicellulaires se reproduisant par bourgeonnement. On dépose dans une boîte de Pétri contenant un milieu nutritif des cellules isolées de levure. En se multipliant, chaque cellule est à l'origine d'une colonie qui, en se développant, devient visible à l'œil nu.

On a mis en culture des cellules d'une souche de levure produisant habituellement des colonies de couleur rouge. Après avoir étalé les cellules, on les soumet à un rayonnement ultraviolet. La couleur rouge est une caractéristique héréditaire due à un allèle particulier. On obtient les résultats ci-dessous.

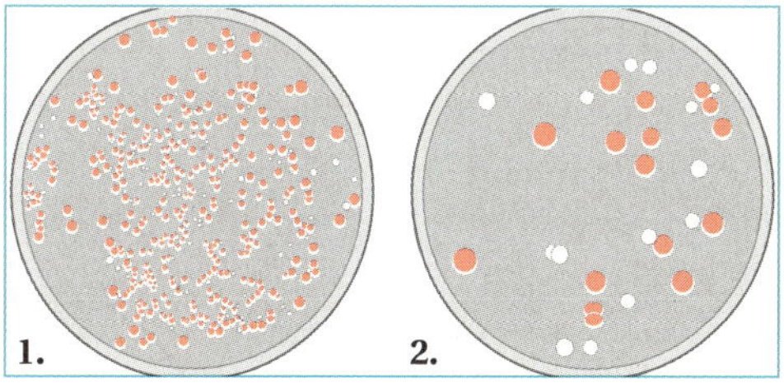

Doc. 6. Effet d'un rayonnement ultraviolet sur le développement de colonies de levures. 1 : boîte de Pétri témoin ; **2 :** boîte de Pétri essai.

Lorsque les levures ont été soumises à un rayonnement UV pendant 2 secondes, les colonies sont plus grosses mais beaucoup moins fréquentes que dans la boîte témoin. Il apparaît aussi de grosses colonies blanches (14 sur un total de 30 soit environ 50 %). Ces colonies blanches sont des colonies mutantes. La mutation se traduit par la disparition du pigment rouge.

Si on augmente la durée d'exposition des levures aux UV, le pourcentage de colonies mutantes augmente.

Le rayonnement UV a provoqué une mutation du gène (petit fragment d'ADN porté par les chromosomes et déterminant la réalisation d'un caractère) contrôlant la synthèse métabolique du pigment rouge.

Les levures blanches et roses appartiennent à la même espèce. L'expression de leur couleur dépend d'un gène qui existe sous deux formes allèles ade 2A et ade 2B (ade pour adénine). L'allèle est l'une des formes d'un même gène.

La souche sauvage de couleur blanche porte l'allèle ade 2A et la souche de couleur rouge possède l'allèle ade 2B.

Les levures qui forment des colonies de couleur blanche sont capables de synthétiser l'adénine, celles qui sont incapables de synthétiser l'adénine forment des colonies de couleur rouge.

Lorsque les levures rouges subissent un rayonnement UV, le génome de certaines colonies rouges est modifié par mutation, le gène ade 2 est modifié et les levures deviennent capables de synthétiser l'adénine.

Cette expérience montre que le patrimoine génétique contrôle le métabolisme.

2 Contrôle du métabolisme par les conditions du milieu

Dans le cas des levures, on peut noter l'influence du milieu, en particulier de la température, de la présence d'oxygène ou d'agents chimiques sur le métabolisme cellulaire.

■ **La température :** la température optimale de culture des levures est comprise en général entre 25 et 30 °C. Les levures ne sont pas thermorésistantes. C'est à partir de 52 °C que commence la destruction cellulaire.

■ **L'oxygène :** certaines levures ne peuvent se développer que si elles trouvent de l'oxygène dans le milieu. Ce sont des levures aérobies strictes.

■ **La sensibilité aux agents chimiques (ex. : les antibiotiques) :** les levures ont une sensibilité variable aux antibiotiques.

Les conditions du milieu contrôlent donc aussi le métabolisme.

SCHÉMA BILAN

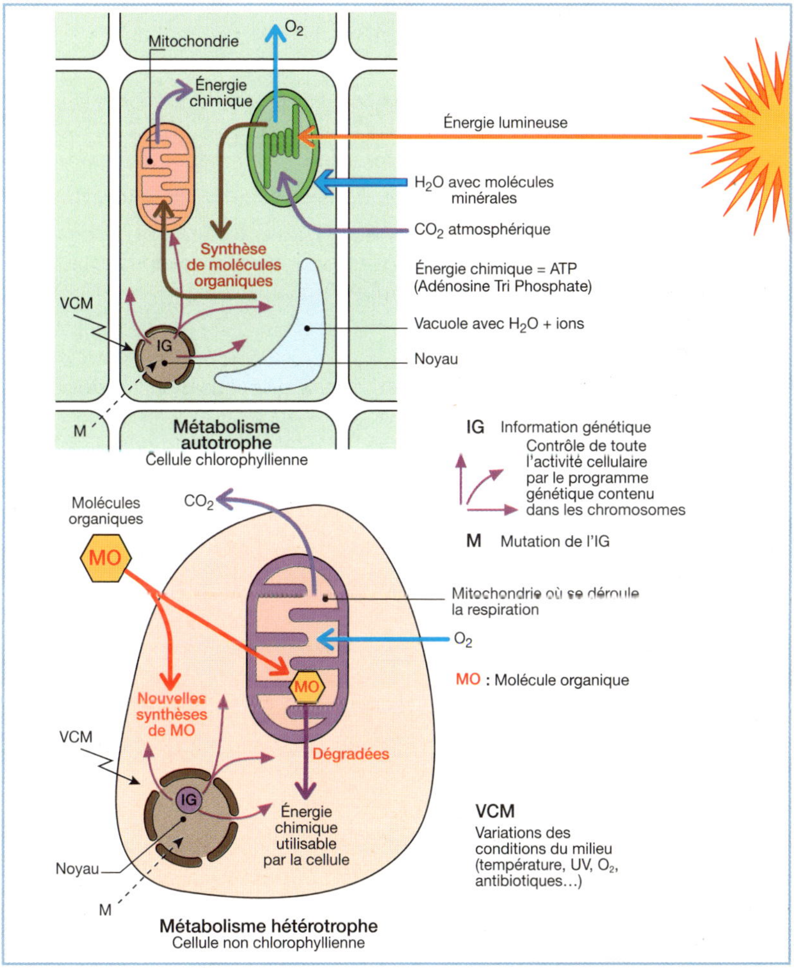

Dans le noyau des cellules eucaryotes se trouve le **matériel génétique** contenu dans la **chromatine** et formant les **chromosomes**.
Un ensemble d'instructions appelées **programme génétique** contrôle toutes les réactions du métabolisme. Le programme génétique contrôle aussi l'expression des caractères qui sont transmis de génération en génération.

Mutagenèse sur une souche de levure rose Ade2

Étalement des levures

On dispose de :

- 1 boîte de pétri avec milieu complet ;
- outils stériles ;
- 1 râteau stérile jetable ;
- 1 compte-gouttes stérile ;
- 1 mL de solution ;
- 1 champ stérile formé à partir de feuilles de papier ménage enfermées dans une feuille de papier d'aluminium et passées à l'étuve sèche à 130 °C durant au moins 30 minutes.

Avec les feuilles du champ stérile et les outils stériles, on peut :

– travailler dans des conditions stériles (paillasse passée à l'eau de Javel, mains désinfectées) ;

– soulever le couvercle de la boîte de Pétri et verser deux gouttes (0,1 mL) de la solution sur le milieu ;

– étaler avec le râteau stérile et refermer la boîte quand la solution a séché.

Irradiations des levures puis incubation

On utilise comme agent mutagène une lumière ultraviolette de longueur d'onde 254 nm. On stocke les boîtes avec le couvercle vers le bas pendant une semaine à température ambiante. On les met à l'étuve à 30 °C si la manipulation se déroule en hiver.

On élimine toutes les boîtes qui ont été contaminées par des moisissures.

Lecture des résultats

On peut dénombrer soit par comptage direct, soit par unité de surface en utilisant un masque de 1 cm^2…

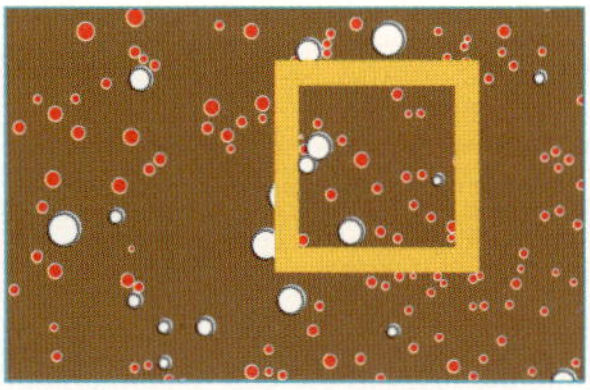

Doc. 8.

Vérifier ses connaissances

Dans les exercices 1 à 4, relevez les affirmations exactes et corrigez celles qui sont inexactes.

1 Les cellules sont caractérisées par :

a. une paroi.
b. une membrane cytoplasmique.
c. un noyau délimité par une enveloppe perforée.
d. un cytoplasme contenant des organites.
e. des chromosomes.

▸ corrigé p. 44

2 La cellule :

a. constitue une unité commune à tous les êtres vivants.
b. constitue une unité structurale mais non fonctionnelle.
c. échange de la matière mais pas d'énergie avec son environnement.
d. présente la même organisation et la même fonction chez tous les êtres vivants. C'est un indice de leur parenté.

▸ corrigé p. 44

3 L'activité métabolique :

a. correspond à l'ensemble des réactions de synthèses cellulaires.
b. est de deux types dans le monde vivant.
c. utilise de l'énergie.
d. est trouvée uniquement chez les eucaryotes.

▸ corrigé p. 44

4 L'activité métabolique intracellulaire :

a. est contrôlée par le patrimoine génétique.
b. n'est pas contrôlée par les conditions du milieu.
c. est contrôlée uniquement par le patrimoine génétique.
d. n'est sous aucun contrôle.

▸ corrigé p. 44

S'entraîner

5 Cellules procaryotes et eucaryotes :

Les documents 1 (p. 33), 3 (p. 35), et 9 représentent des cellules procaryotes et eucaryotes.

1. Légendez le document 9.

2. Dressez un tableau faisant apparaître les similitudes et les différences entre les différents types de cellules.

▸ corrigé p. 44

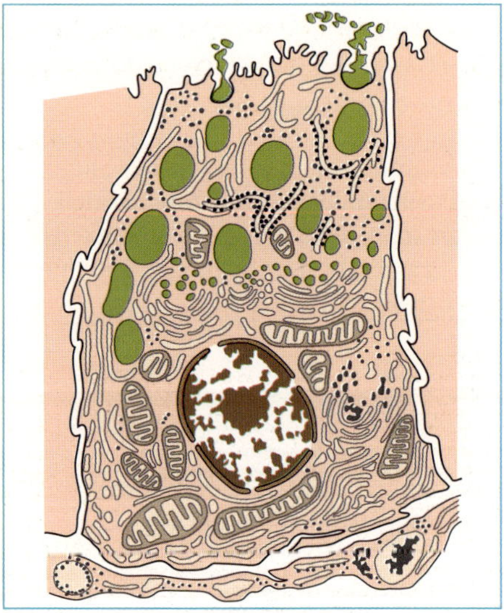

Doc. 9. Cellule de pancréas.

Problème

6 Autotrophie et hétérotrophie

On a mesuré la concentration en dioxygène d'une culture de levures de bière avec un dispositif ExAO (Expérimentation assistée par ordinateur).
Un microlitre d'une solution de glucose est injecté dans le milieu de culture au temps t. On effectue quatre séries de mesures après avoir injecté dans le milieu des solutions de plus en plus concentrées (0, 15, 30 et 45 g · L^{-1}).
Le document ci-dessous présente les résultats obtenus.

1. Indiquez en quoi ces résultats montrent l'hétérotrophie des levures.
2. Expliquez pourquoi la concentration en O_2 est faible dans le milieu lorsque la concentration en glucose est importante.
3. Imaginez l'expérience qu'il faudrait faire pour mettre en évidence l'autotrophie.
4. Précisez les résultats attendus concernant la concentration en dioxygène.

▸ corrigé p. 46

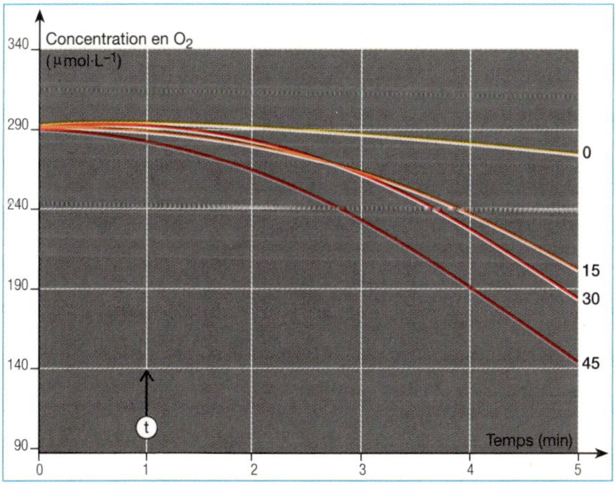

Doc. 10. Concentration en dioxygène d'une culture de levures de bière.

1 a. **Faux**, seules les cellules végétales et les cellules procaryotes possèdent une paroi.

b. **Vrai.**

c. **Faux**, seules les cellules eucaryotes ont un noyau délimité par une double membrane, enveloppe perforée.

d. **Vrai.**

e. **Faux**, seules les cellules eucaryotes possèdent plusieurs chromosomes, les cellules procaryotes ont un seul chromosome situé dans le cytoplasme puisqu'elles n'ont pas de noyau.

2 a. **Vrai.**

b. **Faux.** La cellule constitue une unité structurale et fonctionnelle car elles possèdent toutes la même organisation et réalisent les mêmes fonctions.

c. **Faux.** La cellule échange de la matière et de l'énergie avec son environnement.

d. **Vrai.**

3 a. **Faux**, à l'ensemble des réactions de synthèses et de dégradations cellulaires.

b. **Vrai**, métabolisme autotrophe uniquement chez les végétaux chlorophylliens et hétérotrophe chez tous les êtres vivants non chlorophylliens.

c. **Vrai**, le métabolisme autotrophe utilise l'énergie lumineuse et le métabolisme hétérotrophe, l'énergie chimique produite au cours de la respiration.

d. **Faux**, les bactéries, procaryotes, sont hétérotrophes.

4 **L'activité métabolique intracellulaire**

a. **Vrai.**

b. **Faux.** Elle est contrôlée par les conditions du milieu.

c. **Faux.** Elle est contrôlée par le patrimoine génétique et par les conditions du milieu.

d. **Faux.**

5 1. Voir le document 11 ci-après.

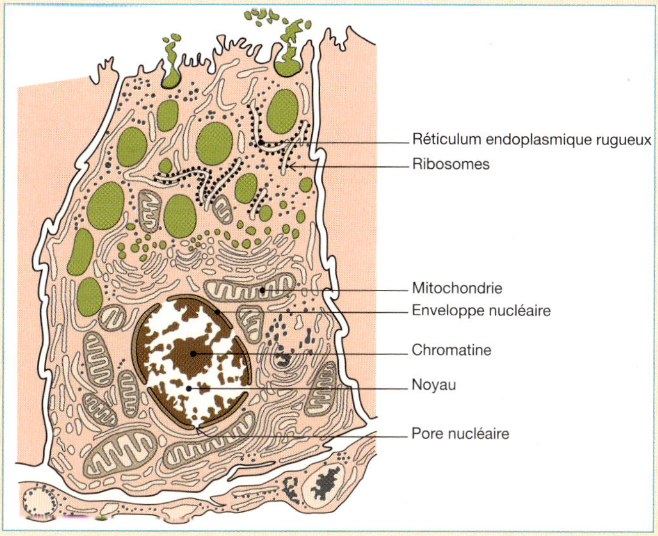

Doc. 11. Cellule de pancréas.

2.

		PROCARYOTES	EUCARYOTES		
		Colibacille	Levure	Cellule végétale	Cellule animale
SIMILITUDES		Membrane plasmique, cytoplasme			
DIFFÉRENCES	Taille	petite	petite	grande	moyenne
	Forme	allongée	sphérique	sphérique ou rectangulaire	variable
	Noyau	absence	présence	présence	présence
	Mitochondries	absence	présence	présence	présence
	Vacuoles	absence	variable	grandes vacuoles	petites vacuoles
	Paroi	présence	absence	présence	absence

Doc. 12. Tableau comparatif des cellules procaryotes et eucaryotes.

6 1. et 2. Les levures dégradent le glucose en présence de dioxygène. C'est la respiration. Plus la concentration en glucose est importante, plus elles consomment du dioxygène et plus la concentration en dioxygène restant dans le milieu diminue.

3. Pour mettre en évidence l'autotrophie, on pourrait imaginer une expérience où on aurait mis en culture des algues chlorophylliennes dans un milieu contenant de l'eau, des ions minéraux, une substance fournissant du CO_2 (ex. : hydrogénocarbonate de sodium à 1 %). La préparation serait éclairée par une lampe. Et on pourrait mesurer avec L'ExAO le dégagement de dioxygène par la plante pendant environ 20 min.

4. On devrait observer un dégagement de dioxygène.

4 L'universalité de l'information génétique contenue dans la molécule d'ADN

I Organisation et structure de la molécule d'ADN

1 L'ADN : une macromolécule de polynucléotides

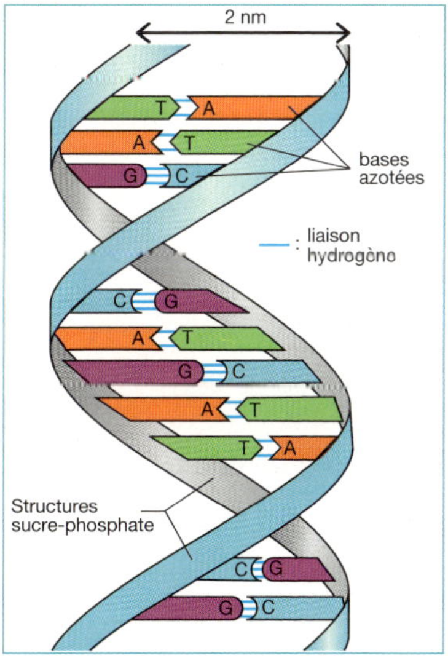

■ En 1953, **James Watson** et **Francis Crick** ont découvert à Cambridge la **structure spatiale** de la molécule d'ADN. L'ADN est une molécule organique faisant partie du groupe des acides nucléiques et formée de **deux chaînes ou brins** présentant une **structure en double hélice**. Chaque chaîne est constituée d'un assemblage de nucléotides reliés les uns aux autres par des liaisons covalentes.

Doc. 1. Organisation de la molécule d'ADN, polynucléotide. On assimile l'association des bases complémentaires aux barreaux d'une échelle et la disposition alternée des sucres (S) et des acides phosphoriques (P) aux montants de l'échelle. (1 nm = 1 nanomètre = 1×10^{-9} m.)

■ **Un gène est un fragment d'ADN portant un message codé en séquences de nucléotides.**

Chaque nucléotide est formé d'un **sucre à 5 carbones** ou désoxyribose (S), d'un **acide phosphorique** P (H_3PO_4) et d'une **base azotée** choisie parmi 4 possibles (A : adénine, T : thymine, G : guanine, C : cytosine). Il existe donc 4 types de nucléotides qui diffèrent selon la base azotée considérée.

■ Deux brins formés d'une succession linéaire de nucléotides forment l'ADN. Ces deux brins sont complémentaires et sont reliés l'un à l'autre par l'intermédiaire des nucléotides dont les bases azotées sont aussi complémentaires deux à deux ; la guanine étant toujours reliée à la cytosine et la thymine à l'adénine. C'est la forme des bases azotées et leur encombrement spatial qui explique **la complémentarité des nucléotides.**

■ La molécule d'ADN est constituée d'un enchaînement de très nombreux nucléotides, on dit que c'est une macromolécule de polynucléotides.

2 La molécule d'ADN, une molécule séquencée

■ L'assemblage des nucléotides de l'ADN selon un ordre précis est appelé **séquence de l'ADN**. La technique permettant d'établir cette séquence est appelée séquençage.
Le message génétique est codé en séquences de nucléotides.

■ **Bilan**

L'ADN forme les **chromosomes**, structures permanentes de la cellule, visibles seulement au moment de la mitose. L'**ADN** présente la même structure chez tous les êtres vivants. C'est une **macromolécule constituée d'un enchaînement de nucléotides et le support de l'information génétique.**

II Un langage universel pour la molécule d'ADN

Transgénèse ou intégration dans le noyau d'une cellule de fragment de molécule d'ADN étranger

■ On appelle **transgénèse** le processus de transfert et d'intégration d'un ADN « étranger » dans une cellule ; ce qui a pour conséquence de modifier le patrimoine génétique de cette cellule.

■ En pratiquant la micro-injection du gène de l'hormone de croissance d'une autre espèce dans des cellules œufs de souris, on a pu obtenir des **souris transgéniques (doc. 2.)**.

Doc. 2. Souris transgénique.
À gauche, une souris géante, deux fois plus grande que sa sœur.

■ Le résultat de cette expérience de transgénèse montre que le code de lecture de l'information génétique ou code génétique est le même chez des espèces différentes. Les cellules receveuses de souris ont reconnu et exprimé le message porté par le gène de l'hormone de croissance d'une autre espèce. Ceci prouve que l'information génétique portée par la molécule d'ADN est codée en un même langage (séquences de nucléotides) dans toutes les espèces du vivant. C'est un langage universel.

L'ADN constitue donc un support moléculaire universel du programme génétique.

III Étude de la variation génétique

■ Un gène est formé par un fragment d'ADN constitué de l'association de **quelques centaines à quelques milliers** de nucléotides de quatre types (A, T, C, G) ou séquence de nucléotides. Cette séquence est plus ou moins longue selon le gène considéré.

```
TTAAGGAGACCAATAGAAACTGGGCATGTGGAGACAGAGAAGACTCTTGGGTTTCTGATAGGCACTGA
CCCTTAGGCTGCTGGTGGTCTACCCTTGGACCCAGAGGTTCTTTGAGTCCTTTGGGGATCTGTCCACT
GAAGGCTCATGGCAAGAAAGTGCTCGGTGCCTTTAGTGATGGCCTGGCTCACCTGGACAACCTCAAGG
TGTGACAAGCTGCACGTGGATCCTGAGAATTCAGGGTGAGTCTATGGGFACCCTTGATGTTTTCTTTC
ATAGGAAGGGGAGAAGTAACAGGGTACAGTTTAGAATGGGAAACAGACGAATGATTGCATCAGTGTGG
TTTGCTGTTCATAACAATTGTTTTCTTTTGTTTAATTCTTGCTTTCTTTTTTTTTCTTCTCCGCAATT
GTGTATAACAAAAGGAAATATCTCTGAGATACATTAAGTAACTTAAAAAAAAACTTTACACAGTCTGC
TGCTTATTTGCATATTCATAATCTCCCTACTTTATTTTCTTTTATTTTTAATTGATACATAATCATTA
TTAATATGTGTACACATATTGACCAAATCAGGGTAATTTTGCATTTGTAATTTTAAAAAATGCTTTCT
TTTCTAATACTTTCCCTAATCTCTTTCTTTCAGGGCAATAATGATACAATGTATCATGCCTCTTTGCA
TGGGTTAAGGCAATAGCAATATTTCTGCATATAAATATTTCTGCATATAAATTGTAACTGATGTAAGA
```

Doc. 3. Séquence complète du gène de la ß-globine.

L'ordre de succession des nucléotides, ou séquence nucléotidique, peut varier, c'est la **variabilité de l'information génétique.** Le **message** contenu dans un gène est **codé en séquence de nucléotides.**

■ L'ensemble des messages codés contenus dans tous les allèles de tous les gènes d'un organisme constitue son programme génétique. L'expression de chaque caractère est déterminée par un gène. Si une modification dans la séquence d'un gène se produit, l'expression du caractère contrôlé par ce gène peut être perturbée.

Le **génotype** ou ensemble de l'information contenue dans les gènes détermine et contrôle l'expression du **phénotype**, ensemble des caractères visibles d'un organisme. Dans certaines situations exceptionnelles, le génotype varie, ce qui détermine des variations du phénotype et parfois l'apparition de phénotypes pathologiques.

IV Modification du message porté par la molécule d'ADN

- Un gène peut déterminer l'expression d'un caractère donné et ce même gène peut présenter des formes différentes ou allèles. Les allèles sont les différentes formes d'un même gène codant pour l'expression d'un caractère. Les gènes sont localisés sur les chromosomes à des endroits précis appelés **loci**.
- Une modification héréditaire de la séquence nucléotidique d'un gène est appelée **mutation** et peut être à l'origine de l'apparition de nouveaux allèles de ce gène. Ces mutations peuvent être provoquées soit par une **substitution** ou remplacement d'un nucléotide par un autre, soit par une **délétion**, perte d'un ou de plusieurs nucléotides.
- À l'issue de ces mutations, le programme génétique est modifié. Ces modifications qui touchent la molécule d'ADN sont transmises à la descendance puisqu'au moment de la division cellulaire, la réplication fournira aux deux cellules filles la même molécule d'ADN.
- Au cours des différentes divisions cellulaires, la molécule d'ADN peut devenir instable et présenter de manière totalement aléatoire des mutations spontanées. Dans la plupart des cellules, la probabilité de mutation d'un gène est très faible, de l'ordre de 10^{-7}. La fréquence de ce type de mutation est extrêmement faible car le plus souvent, l'ADN altéré est réparé par des systèmes enzymatiques particulièrement performants.
- Certaines **mutations** sont **silencieuses** et n'ont aucune conséquence détectable sur le phénotype, d'autres mutations déclenchent l'apparition de maladies génétiques comme la **drépanocytose**, la **myopathie** ou la **mucoviscidose**.

Chaîne normale :
ATGGTGCACCTGACTCCTGAGGAGAAGTCTGCCGTTACTGCCCTGTGGGGCAAGG
TGAACGTGGATGAAGTTGGTGGTGAGGCCCTGGGCAGGCTGCTGGTGGTCTACCC
TTGGACCCAGAGGTTCTTTGAGTCCTTTGGGGATCTGTCCACTCCTGATGCTGTTA
TGGGCAACCCTAAGGTGAAGGCTCATGGCAAGAAAGTGCTCGGTGCCTTTAGTGA
TGGCCTGGCTCACCTGGACAACCTCAAGGGCACCTTTGCCACACTGAGTGAGCTG
CACTGTGACAAGCTGCACGTGGATCCTGAGAACTTCAGGCTCCTGGGCAACG...

Chaîne mutée :
ATGGTGCACCTGACTCCTGTGGAGAAGTCTGCCGTTACTGCCCTGTGGGGCAAGG
TGAACGTGGATGAAGTTGGTGGTGAGGCCCTGGGCAGGCTGCTGGTGGTCTACCC
TTGGACCCAGAGGTTCTTTGAGTCCTTTGGGGATCTGTCCACTCCTGATGCTGTTA
TGGGCAACCCTAAGGTGAAGGCTCATGGCAAGAAAGTGCTCGGTGCCTTTAGTGA
TGGCCTGGCTCACCTGGACAACCTCAAGGGCACCTTTGCCACACTGAGTGAGCTG
CACTGTGACAAGCTGCACGTGGATCCTGAGAACTTCAGGCTCCTGGGCAACG...

Doc. 4. Mutation au niveau du gène codant pour une partie de la chaîne ß de l'hémoglobine humaine et à l'origine de la drépanocytose.

- **La diversité des individus** d'une espèce est le **résultat de la variabilité dans l'expression de l'information génétique** et repose sur l'existence de ces allèles formés à l'issue des mutations.

Bilan

- La séquence complète de l'ADN d'un organisme constitue son génome. D'un individu à un autre, la séquence d'ADN varie, c'est ce qui explique l'unicité de chaque individu.

- Un gène est constitué d'un fragment d'ADN codant pour un caractère génétique précis. Si un nucléotide change par mutation, le caractère héréditaire qui est sous le contrôle de ce gène peut être modifié. On dit que le gène est muté.

- L'ADN est un élément constitutif des **chromosomes**, structures permanentes de la cellule. L'**ADN** présente la même structure chez tous les êtres vivants. C'est le **support de l'information génétique** qui est **universelle** puisque le langage utilisé reste identique chez tous les êtres vivants.

L'universalité du rôle de l'ADN constitue un indice de la parenté des êtres vivants.

Un message génétique est formé par la séquence des nucléotides au sein d'un gène. La molécule d'ADN a une **capacité de stockage d'information** considérable. Dans l'espèce humaine, les 46 chromosomes sont formés d'environ 6,5 milliards de paires de nucléotides.

SCHÉMA BILAN

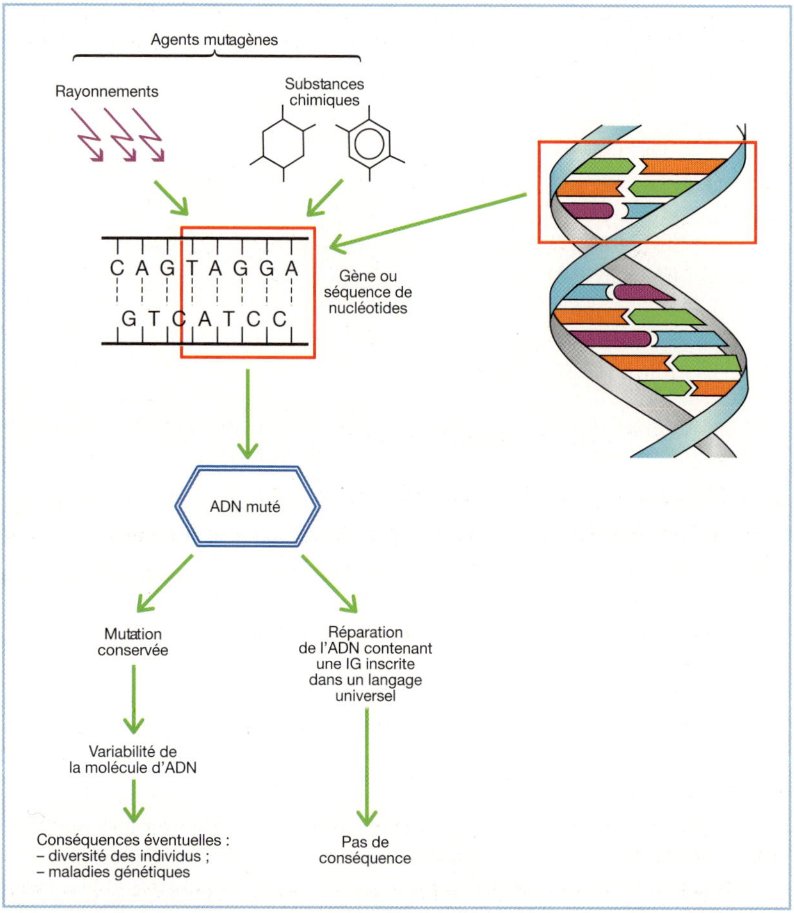

Doc. 5. Effets des agents mutagènes sur l'information génétique (IG) contenue dans L'ADN. L'information génétique contenue dans l'ADN est inscrite dans un langage universel et est susceptible de subir des variations par l'effet des agents mutagènes (rayonnements, substances chimiques…).

La micro-injection, une technique utilisée pour la transgénèse

■ La technique classique utilisée pour la transgénèse est la micro-injection, procédé très difficile, nécessitant l'injection d'environ mille copies du gène pour la réussite d'une intégration.

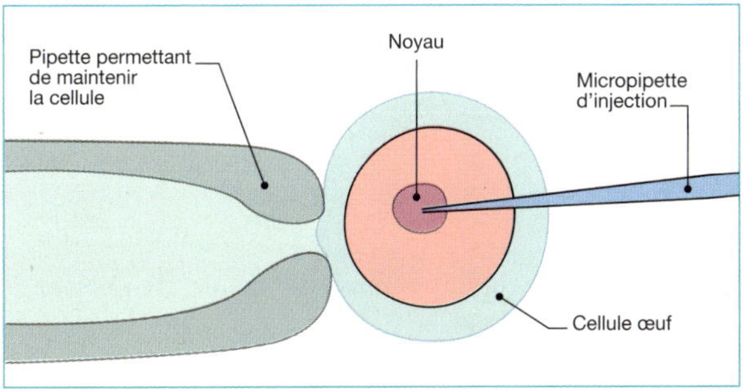

Doc. 6. Micro-injection d'un gène.

Des animaux génétiquement modifiés

■ Les animaux transgéniques ne sont pas élevés industriellement. Si accidentellement ils se retrouvaient dans leurs milieux naturels, ils pourraient perturber les équilibres écologiques.

■ Pour étudier *in vivo* l'action des gènes, on utilise les animaux transgéniques.

Des végétaux génétiquement modifiés

■ Parmi les végétaux génétiquement modifiés, on trouve :

– des végétaux qui ont pu intégrer dans leur génome des gènes de résistance aux maladies ;

– des végétaux qui ont pu être enrichis en vitamines et qui peuvent ainsi être utilisés pour lutter contre les carences alimentaires ;

– des végétaux qui peuvent être utilisés pour préserver l'environnement. (Par exemple : une variété de colza produisant une huile pouvant être utilisée comme carburant.)

➲ La culture des végétaux OGM tend à éliminer peu à peu les espèces sauvages, ce qui pourrait provoquer à terme une diminution de la biodiversité.

Vérifier ses connaissances

Dans les exercices 1 à 4, relevez les affirmations exactes et corrigez celles qui sont inexactes.

1 L'ADN est une macromolécule :

a. constituée de nucléotides.
b. constituée d'un seul brin en hélice.
c. constituée de deux brins identiques.
d. porteuse d'information.

▸ corrigé p. 57

2 Les nucléotides :

a. sont constitués de l'association d'une base azotée, d'un sucre, le désoxyribose et d'un acide phosphorique.
b. diffèrent par l'acide phosphorique.
c. sont au nombre de quatre.
d. ne sont pas complémentaires.

▸ corrigé p. 57

3 L'ADN est une macromolécule universelle :

a. car il est contenu dans le cytoplasme de tous les êtres vivants.
b. puisque la transgénèse est possible.
c. puisque son organisation est la même chez tous les êtres vivants.
d. car c'est le support de l'information génétique chez les eucaryotes.

▸ corrigé p. 57

4 Le message porté par l'ADN :

a. est un message codé non susceptible de variation.
b. est un message codé susceptible de variation.
c. participe au programme génétique.
d. est différent du programme génétique.

▸ corrigé p. 57

S'entraîner

5 Conséquences d'une mutation

L'hémoglobine est une protéine trouvée dans les hématies et qui assure le transport des gaz respiratoires. Lorsque le gène codant pour la chaîne β de l'hémoglobine est modifié, la synthèse de l'hémoglobine est anormale (HbS), les globules rouges sont déformés et prennent une forme de faucille. Le trans-

port des gaz respiratoires se fait alors très mal, une maladie se déclare, c'est la drépanocytose.
On a pu identifier les séquences de chaque brin des molécules d'ADN responsables de la synthèse de ces hémoglobines.

1. Utilisez le document 5 pour repérer la mutation mise en jeu, en comparant la succession des bases du gène sain à celle des bases du gène atteint.

2. Sachant que la mutation n'affecte que l'un des deux brins d'ADN, préciser la conséquence que cela peut avoir dans la transmission de la maladie.

▸ corrigé p. 57

Problème

6 Analyse comparative de la molécule d'ADN chez plusieurs espèces

On a extrait l'ADN des cellules de plusieurs espèces. On a ensuite mesuré les quantités relatives des quatre nucléotides en mesurant celles des bases azotées (A, T, C, G) contenues dans la molécule d'ADN.
Les résultats de ces mesures sont exprimés en pourcentage et ont été consignés dans le tableau ci-dessous (document 7).
Les résultats exprimés en pourcentage de chaque base dans l'ADN sont livrés avec une précision de +/– 0,5 %. On considère qu'un écart de 1 % n'est pas significatif.

Bases azotées / Espèces	A	T	C	G
Blé	27,3	27,1	22,8	22,7
Colibacille	23,7	23,6	25,7	26
Criquet	29,3	29,3	20,7	20,5
Levure	32,3	32,9	18,1	18,7
Homme	30,9	29,4	19,8	19,9
Poule	28,8	29,3	21,5	20,5
Saumon	29,7	29,1	20,4	20,8

Doc. 7. Composition en bases azotées de l'ADN dans différentes espèces.

1. Pour le blé et pour chacune des espèces, comparez la composition en bases azotées.

2. Utilisez les résultats de cette comparaison pour expliquer les liaisons entre les bases azotées.

3. Utilisez ces résultats et vos connaissances pour préciser la structure de l'ADN.

4. On sait que le code de correspondance entre l'ADN et les protéines (code génétique) est quasiment le même chez tous les êtres vivants.

Montrez en quoi cette information et les quantités relatives des quatre nucléotides dans l'ADN de plusieurs espèces constituent un argument en faveur de l'universalité de l'information génétique. ▸ corrigé p. 57

1 a. **Vrai**, c'est un polynucléotide. b. **Faux**, c'est une molécule constituée de deux brins et formant une double hélice. c. **Faux**, les deux brins sont complémentaires. d. **Vrai**, elle porte l'information génétique.

2 a. **Vrai.** b. **Faux**, ils diffèrent par leur base azotée. c. **Vrai**, car il y a quatre bases azotées différentes : guanine, adénine, thymine et cytosine. d. **Faux**, ils sont complémentaires deux à deux.

3 a. **Faux**, il est contenu dans le noyau de toutes les cellules eucaryotes et dans le cytoplasme des cellules procaryotes. b. **Vrai.** c. **Vrai.** d. **Faux**, c'est le support de l'information génétique chez tous les êtres vivants.

4 a. **Faux**, car l'ordre de succession des nucléotides peut varier. b. **Vrai.** c. **Vrai.** d. **Faux.** L'ensemble de toutes les informations portées par tous les gènes et allèles d'un organisme constitue le programme génétique.

5 1. La base azotée A (adénine) est remplacée par T (thymine) au niveau du 20e nucléotide.

2. À chaque génération, la chaîne mutée n'est pas obligatoirement transmise.

6 1. Pour chacune des espèces considérées il y a à peu près autant de bases A que de bases T et autant de C que de G.

2. Les bases azotées sont complémentaires deux à deux. A est toujours reliée à T et C à G.

3. Chacun des deux brins de la molécule d'ADN est formé d'une succession de nucléotides reliés entre eux par des liaisons faibles. Si on considère que le constituant principal de chaque nucléotide est la base azotée, on peut symboliser les nucléotides par les lettres A, T, C, G.

Comme A est toujours associé à T et C à G, les deux chaînes d'ADN sont complémentaires l'une de l'autre.

4. Les bases azotées constituent les lettres formant ce message et ce sont toujours les mêmes lettres qui sont utilisées chez tous les êtres vivants.

A = T ; C = G car les bases sont complémentaires 2 à 2.

Si le code génétique est identique chez tous les êtres vivants, l'information génétique est universelle, c'est un indice de parenté entre les êtres vivants.

5 Divers aspects de la biodiversité et influence de l'homme

I Divers aspects de la biodiversité

1 Diversité génétique au sein des espèces

■ La diversité génétique représente la variété et les différents types de gènes au sein d'une espèce ou d'une population.

Doc. 1. Diversité génétique et variabilité chez l'aubergine.

■ Dans le chapitre précédent, on a vu que :

• L'ordre de succession des nucléotides ou séquence nucléotidique, peut varier, c'est la **variabilité de l'information génétique.**

• **La diversité des individus** d'une espèce est le **résultat de la variabilité dans l'expression de l'information génétique** et repose sur l'existence des allèles formés à l'issue des mutations.

■ La variabilité génétique produite par mutation peut ensuite être remodelée par sélection et par croisements. Dans le domaine de l'agriculture, certains gènes concernant des caractères précis, forme, couleur, saveur, résistance aux ravageurs, ont été répertoriés dans différentes espèces puis introduits par transgénèse dans des espèces receveuses sélectionnées.

Doc. 2. La pomme Baujade, une nouvelle variété mise au point par l'INRA. La pomme Baujade est une variété résistante à la principale maladie des pommiers (la tavelure) et résulte de croisements successifs entre cinq espèces : Rome Beauty, Golden Delicious, Reinette du Mans et Granny Smith.

■ Mais c'est dans le sol que se trouve la majorité de la biodiversité terrestre. Sur environ $1{,}7 \cdot 10^6$ d'espèces qui ont été décrites sur Terre, 21 %, soit 360 000 espèces sont des animaux du sol. Les microorganismes du sol possèdent une très **grande diversité génétique** et constituent un véritable **réservoir génétique**. Ces microorganismes sont aptes à échanger du matériel génétique mêmes entre des espèces très éloignées. Ainsi peuvent être créées de nouvelles fonctions. Cela explique aussi le grand pouvoir d'adaptation des populations microbiennes.

On sait qu'un mammifère porte environ 20 000 gènes. Si on considère que le taux de mutation moyen est de 10^{-6} par gène et par génération, à chaque génération, 2 % des individus seront porteurs d'une nouvelle mutation dans les gènes exprimés.

■ En ce qui concerne les plantes de culture et les animaux d'élevage, on a observé que l'éventail de différences génétiques au sein des espèces a sensiblement diminué.

On a aussi remarqué que les volailles d'élevage ont une faible diversité génétique. En effet, pour accroître la productivité, les volailles sont de plus en plus sélectionnées génétiquement et vivent dans un minimum d'espace. Dans ces élevages à faible diversité génétique, face à un virus, le système immunitaire de ces animaux répond à l'identique. On sait que les virus mutent en permanence. Si une volaille est contaminée par un virus contagieux et virulent, le virus va se développer, se multiplier et se propager d'autant plus rapidement que toutes les autres volailles sont identiques. Le virus peut se propager d'élevages en élevages passer à d'autres espèces animales et parvenir à l'espèce humaine. C'est ainsi que des élevages intensifs ont favorisé la grippe aviaire.

2 Diversité des espèces

■ La diversité des espèces correspond au nombre, à la variabilité, à la variété et à la diversité des organismes vivants. On a pu estimer la proportion d'espèces nommées. Les résultats sont consignés dans le tableau ci-après.

En étudiant l'évolution du nombre d'espèces dans une zone donnée, on peut ainsi mieux suivre dans le temps certains aspects de la biodiversité. Cependant nous n'avons pas toutes les informations sur les inventaires actuels des espèces mais certains groupes spécialisés avancent des estimations approximatives au sujet du rythme d'extinction de certaines espèces.

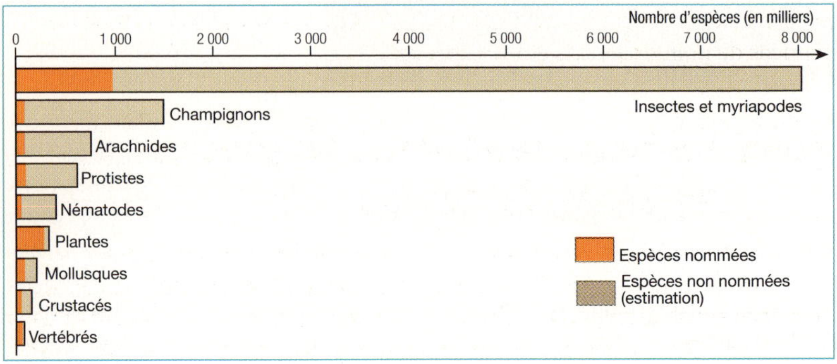

Doc. 3. Estimation de la proportion d'espèces nommées. On remarque qu'en fonction des espèces, les résultats sont très variables. Ce sont les insectes et les myriapodes qui sont les plus nombreux et les nématodes les moins nombreux.

■ On a remarqué qu'on trouve de plus en plus les mêmes espèces à différents endroits de la planète, il y a donc une perte de richesse d'espèces. La biodiversité actuelle correspond à une infime partie de la quantité totale des espèces ayant existé depuis l'apparition de la vie sur Terre.

3 Diversité des écosystèmes

La biodiversité concerne tous les milieux, aussi bien terrestres qu'aquatiques.

Les activités humaines ont eu pour conséquence de profondes transformations des écosystèmes. En effet, le nombre d'individus dans de nombreuses populations animales et végétales a diminué ainsi que l'espace géographique qu'ils occupaient.

Au cours de l'histoire de la Terre, des espèces ont disparu, mais depuis la révolution industrielle (fin 19e, début 20e siècle), les activités humaines ont accéléré le rythme d'extinction qui est au moins 100 fois supérieur au rythme normal.

4 Le rôle de la biodiversité dans le fonctionnement des écosystèmes

La biodiversité intervient dans :
– le cycle des éléments nutritifs sans lesquels les êtres vivants ne peuvent pas faire toutes leurs synthèses, croître et se développer ;
– le cycle de l'eau ;
– la formation des sols ;
– la pollinisation des plantes ;
– le contrôle des organismes nuisibles (lutte biologique : élimination du ravageur par son prédateur et non par des produits chimiques ayant pour conséquences de polluer les sols et les végétaux).

II Facteurs modifiant la biodiversité au cours du temps

Au cours du temps, de nombreux facteurs modifient la biodiversité. Ces facteurs sont le changement climatique, la transformation des habitats, l'arrivée d'espèces envahissantes, la pollution, la surexploitation, l'accroissement de la population humaine, les facteurs culturels et sociopolitiques, l'activité économique, la technologie.

Transformation des habitats

Cela conduit à la modification des conditions du milieu dans lequel vit un être vivant. Les modifications des conditions du milieu peuvent être soit naturelles (incendies, sécheresse, séismes, volcanisme, ouragans, tsunami…), soit provoquées par les activités humaines (constructions de route au milieu d'un massif forestier, captage d'eau dans les rivières, conversion d'un terrain agricole en lotissement…)

Pollution et changement climatique

Le climat de la planète est conditionné par de nombreux facteurs :
• principalement de la quantité d'énergie provenant du soleil ;
• mais aussi la composition de l'atmosphère dont la teneur en gaz à effet de serre et en aérosols est importante ;
• la quantité d'énergie solaire absorbée ou réfléchie dans l'espace.

Le changement climatique est provoqué par :
• l'augmentation de la concentration atmosphérique en gaz à effet de serre (dioxyde de carbone : CO_2, méthane : CH_4, oxyde nitreux : N_2O, substances contenant du chlore, du brome) ;
• l'hexafluorure de soufre : SF_6, les hydrocarbures perfluorés (PFC) ;

• l'utilisation massive de carbone fossile (pétrole, charbon, gaz naturel) depuis le début de l'ère industrielle (cette utilisation a constitué l'une des sources de pollution de l'air, l'eau, des sols, de la faune et la flore).
• la déforestation ;
• la conversion des prairies en terres arables.

Évolution démographique

La population mondiale correspond au nombre d'êtres humains vivant sur la planète à un moment donné. Le 7 janvier 2010, la population mondiale a été estimée à 6,842 milliards. En 50 ans, la population mondiale a doublé. Et pour 2050, l'ONU prévoit 9 milliards d'êtres humains sur Terre.

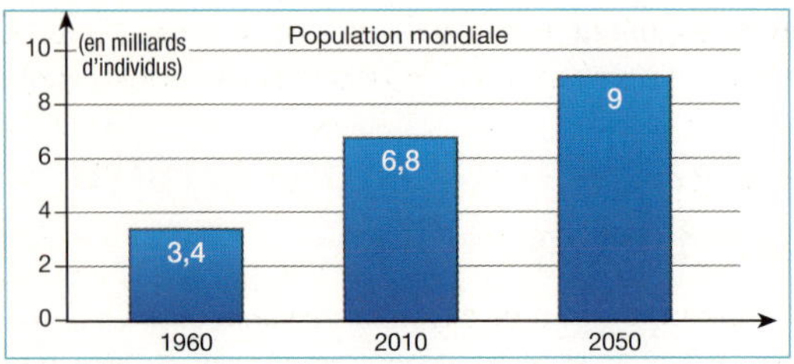

Doc. 4. Évolution de la population mondiale et prévision.

Le nombre de citadins a beaucoup augmenté ce qui a pour conséquence une croissance de la demande en nourriture et en énergie. Cette croissance démographique demande donc une augmentation de la productivité des écosystèmes agricoles, laquelle est reliée à une diminution de la biodiversité.

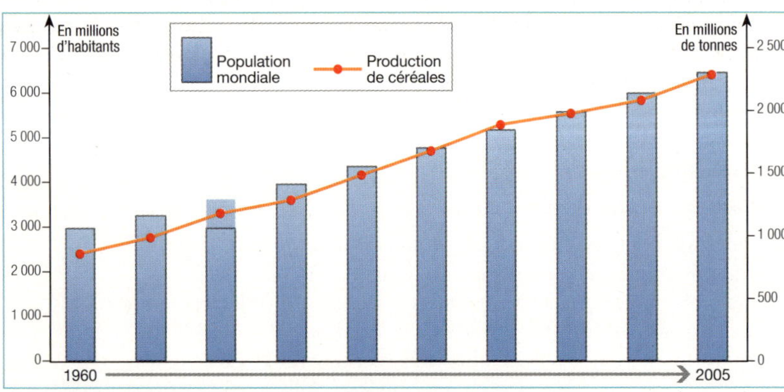

Doc. 5. Production de céréales et population mondiale.

On remarque sur ce graphique que l'augmentation de la production de céréales est proportionnelle à l'accroissement de la population mondiale. Cette augmentation de la production agricole se fait au détriment de la biodiversité.

III Intérêts de la conservation de la diversité biologique

■ La conservation de la diversité biologique contribue à préserver les espèces, les gènes, les écosystèmes et constitue un élément très important du développement durable puisqu'elle permet une meilleure gestion à long terme des ressources de la planète.

■ La conservation de la diversité biologique est inestimable pour l'espèce humaine puisqu'elle est une ressource naturelle et nous fournit de l'oxygène (par la photosynthèse de tous les végétaux chlorophylliens), une nourriture de qualité (céréales, cultures vivrières, bétail, poisson…), des fibres pour l'habillement (coton, lin…), des matières premières pour la papeterie, la construction (bois).

■ La diversité biologique participe aussi à :
• l'épuration de l'eau ;
• la régulation thermique ;
• au maintien de la sécurité alimentaire et d'une meilleure santé ;
• à définir une meilleure résistance face à certaines catastrophes naturelles (sols érodés avec habitations emportées lors de glissements de terrains…) ;
• la sécurité énergétique.

➲ Dans chaque société, en fonction des cultures, des coutumes et du degré de prise de conscience, la valeur attribuée à un gène, à une espèce, à un paysage varie beaucoup d'une zone géographique de la planète à une autre. La question de la biodiversité relève donc non seulement de questions scientifiques, de choix politiques mais aussi de questions éthiques.

SCHÉMA BILAN

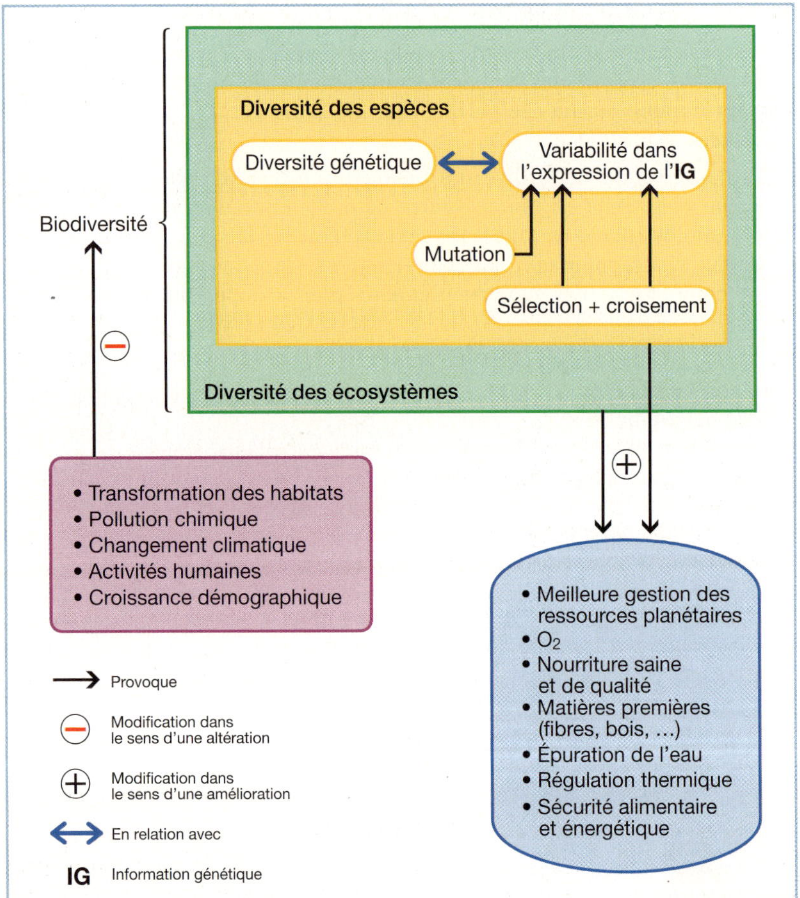

Doc. 6. Influence de l'homme sur la biodiversité.

Ressources génétiques

Certains gènes jouent un rôle majeur dans le domaine alimentaire, textile, industriel, pharmaceutique ou agronomique et sont appelés ressources génétiques. La biodiversité correspond à un réservoir biologique et constitue donc une réserve de gènes. Ces ressources génétiques constituent un patrimoine vivant ; certaines sont utilisées dès maintenant et d'autres sont préservées pour demain, en vue de besoins futurs.

En agronomie, on parvient à améliorer les espèces végétales. À partir d'espèces existantes, les semenciers créent de nouvelles variétés en les croisant entre elles et en réalisant une sélection à partir de critères bien définis.

Conservation et entretien de collections de plantes

Afin de conserver toute les sources potentielles de biodiversité, les sélectionneurs conservent les ancêtres sauvages, les populations anciennes et les variétés contemporaines. Ils constituent ainsi une « banque » ou des collections de plantes pouvant répondre aux différents besoins des consommateurs.

Pour conserver des ressources génétiques, il est indispensable de :
- stocker les espèces dans des lieux variés et avec des modes de conservation différents ;
- procéder à une gestion très stricte et un suivi rigoureux ;
- décrire et répertorier de manière très précise les caractéristiques de toutes les variétés ;
- utiliser des techniques particulières pour éviter la dérive génétique des variétés et maintenir leurs caractéristiques propres.

En France, c'est le Bureau des ressources génétiques (BRG) qui assure la coordination de ce travail et qui participe aux programmes internationaux de coopération. Le travail du BRG repose sur une trentaine de réseaux organisés par espèces (betteraves, maïs, céréales à paille, carotte, colza...)

Rôle primordial des sélectionneurs

Ils connaissent les variétés et leurs caractéristiques génétiques. Ils participent donc à la caractérisation, l'évaluation et la régénération de nombreuses ressources génétiques.

En France, ce sont les premiers à avoir commencé à collectionner des variétés. Philippe-Victoire de Vilmorin a été le premier à créer un catalogue recensant et décrivant les variétés en 1766. Sans ce geste novateur, d'innombrables variétés auraient aujourd'hui disparu.
Aujourd'hui, tous les sélectionneurs continuent de maintenir, de préserver et d'enrichir ces collections.

Vérifier ses connaissances

Dans les exercices 1 à 4, relevez les affirmations exactes et corrigez celles qui sont inexactes.

1 La diversité des espèces :

a. ne correspond pas au nombre d'organismes vivants.
b. correspond à la variabilité des organismes vivants.
c. correspond uniquement au nombre et à la variabilité des espèces.
d. peut être estimée.

▸ corrigé p. 69

2 La diversité des individus d'une espèce :

a. n'est pas le résultat de la variabilité des gènes.
b. est le résultat de la variabilité des gènes.
c. dépend des mutations.
d. ne dépend pas des mutations.

▸ corrigé p. 69

3 La variabilité génétique :

a. n'est pas produite par mutation.
b. est produite par mutation.
c. ne peut pas être remodelée.
d. peut être remodelée.

▸ corrigé p. 69

4 L'homme influence la biodiversité par :

a. par l'introduction de nouveaux gènes dans le génome de certaines espèces.
b. le maintien des habitats.
c. la pollution et la surexploitation des sols.
d. la diminution de la production agricole.

▸ corrigé p. 69

S'entraîner

5 Le maïs : un champion de l'adaptation

« Des épis aux grains multicolores, rouges, jaunes et bruns, d'autres minuscules et aux grains noirs, un autre éclatant de sa couleur orange, un autre bleu ou dépassant les cinquante centimètres de long ! »

Doc. 7. Des épis de maïs aux grains multicolores.

« Dans ce foisonnement de couleurs, de tailles et de formes, se concentre tout le potentiel d'adaptation du maïs. Un potentiel énorme : cette espèce est cultivée dans près de 150 pays, sur tous les continents, au Nord comme au Sud, au niveau de la mer comme sur les plateaux andins, à 3 000 m d'altitude ! »

« Les plus vieux épis de maïs, datés de 9 000 ans, ont été retrouvés sur les terres du Mexique actuel. Des épis fossiles tout petits, qui ne mesuraient guère plus de 2,5 cm de long.

Avec les grandes explorations, le maïs traverse l'Atlantique dès le 15e siècle et arrive sur le vieux continent : Christophe Colomb l'introduit au Portugal, Jacques Cartier en Normandie.

Des chemins différents le font évoluer au gré des croisements, des régions aux conditions variées auxquelles il doit s'adapter et aussi de la sélection réalisée par des agriculteurs, qui récoltaient leurs épis favoris puis les replantaient l'année suivante.

Des populations de maïs spécifiques à chaque région ont été créées de cette façon. Dans les Pyrénées, des maïs complètement différents ont ainsi émergé d'une vallée à l'autre, se diversifiant en 270 populations reconnues comme typiquement françaises. »

(Extrait de www.semencemag.fr)

1. Indiquez le nom de celui qui préserve la biodiversité.

2. Précisez pourquoi il est indispensable de préserver les ressources génétiques du maïs.

3. Expliquez pourquoi le maïs est devenu en quelques milliers d'années un champion de l'adaptation.

4. Pourquoi est-il indispensable de préserver la biodiversité du maïs ?

5. Précisez comment le maïs a-t-il pu s'adapter dans tous les milieux.

▸ corrigé p. 69

Problème

6 Sélection animale

Les espèces animales ne se reproduisant pas en captivité et mettant bas des jeunes exigeant de longues années de soin ne sont pas domesticables par l'Homme.

Au fil des générations, les animaux domestiqués par l'espèce humaine se trouvent soumis à des conditions très différentes de celles de la vie sauvage, surtout en ce qui concerne les conditions de reproduction. De plus les éleveurs éliminent très tôt les animaux jugés trop agressifs.

À long terme, le résultat de cette sélection, imprévisible par chaque génération d'éleveurs, est d'obtenir des espèces domestiques souvent de plus petite taille que leurs ancêtres sauvages.

1. Indiquez les critères importants des espèces domestiquées par l'homme.

2. Précisez en quoi les conditions de reproduction des animaux sauvages diffèrent des conditions de reproduction des animaux domestiques.

3. Indiquez pourquoi il est nécessaire d'éliminer très tôt les animaux agressifs.

4. Précisez l'intérêt d'obtenir des espèces domestiques de plus petite taille que leurs ancêtres sauvages.

5. Notez le qualificatif que vous utiliseriez pour désigner la diversité génétique des animaux d'élevage.

▸ corrigé p. 70

1 a. **Faux.** Cela correspond au nombre d'organismes vivants.
b. **Vrai.**
c. **Faux.** Il correspond aussi à la diversité des espèces.
d. **Vrai.**

2 a. **Faux.** C'est le résultat de la variabilité dans l'expression de l'information génétique.
b. **Vrai.**
c. **Vrai.**
d. **Faux.** Elle repose sur l'existence des allèles formés à l'issue des mutations.

3 a. **Faux.** Ce sont les mutations qui sont à l'origine de la variabilité génétique.
b. **Vrai.**
c. **Faux.** Elle peut être remodelée par sélection et par croisement.
d. **Vrai.**

4 a. **Vrai.** Cela se fait par transgénèse.
b. **Faux.** Par la transformation des habitats.
c. **Vrai.**
d. **Faux.** C'est par l'augmentation de la production agricole.

5 1. C'est le sélectionneur.
2. Conserver toutes ces ressources préserve ainsi le réservoir de gènes permettant d'assurer le potentiel d'évolution des variétés.
3. En quelques milliers d'années, le maïs est devenu un champion de l'adaptation grâce à un très grand nombre de particularités génétiques possédées par les populations ancestrales, sauvages ou sélectionnées.
4. La biodiversité constitue le réservoir de gènes, les ressources génétiques du maïs. Il est donc très utile de la préserver car certaines ressources non utiles à ce jour, pourraient le devenir demain face à de nouveaux besoins de la société, non identifiables aujourd'hui.
5. La biodiversité, constitue un patrimoine génétique à préserver. Car tout peut potentiellement exister dans la nature. L'immense réservoir de gènes constitue l'outil indispensable à l'adaptation du maïs dans tous les milieux et toutes les situations.

6 1. Les espèces animales domestiquées par l'homme se reproduisent en captivité et mettent bas des jeunes n'exigeant pas de longues années de soin.

2. Les animaux domestiques sont souvent inséminés. Il y a peu de reproduction naturelle car les éleveurs cherchent toujours à améliorer la qualité de leur troupeau en fonction des caractères qu'ils ont sélectionnés, abondance de lait pour des vaches laitières par exemple, ou augmentation de la masse musculaire,…

De plus la mise bas se fait toujours avec l'assistance d'un vétérinaire afin de ne prendre aucun risque pour la vie de la femelle gestante qui coûte cher à l'éleveur et pour sauvegarder le jeune qui va naître.

3. On élimine très tôt les animaux agressifs pour des raisons de sécurité.

4. On peut ainsi les contenir dans de plus petits espaces et ainsi en avoir davantage, ce qui permet d'augmenter la productivité.

5. La diversité génétique des animaux d'élevage est faible.

6 Parenté d'organisation des espèces

I Les ressemblances importantes à l'origine du fondement des groupes zoologiques

1 Les axes de polarité

■ On observe chez les Vertébrés une **symétrie bilatérale** qui leur est propre. Les documents ci-dessous montrent les différents axes de polarité que l'on a pu établir chez un poulet, un chien, une grenouille, une carpe et un reptile.

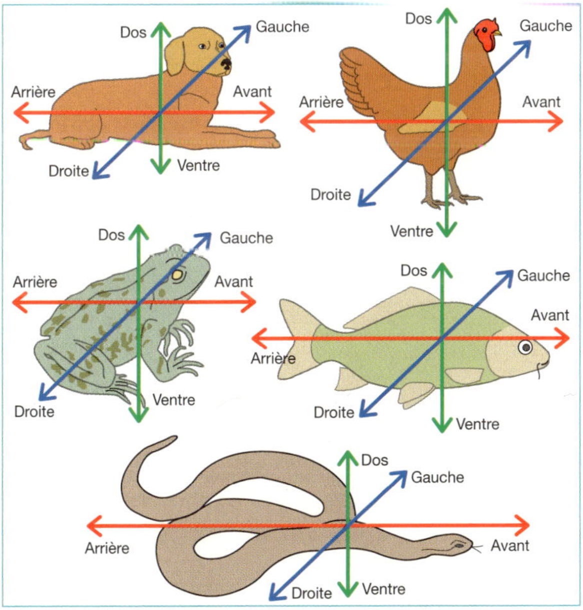

Doc. 1. Axes de polarité de quelques Vertébrés (mammifère, oiseau, amphibien, poisson, reptile).

■ On peut ainsi diviser le corps en deux parties identiques par rapport à ce plan de symétrie et définir trois axes de polarité (axe dorso-ventral, axe antéro-postérieur et axe droite-gauche).

■ Le corps est divisé en trois parties, la tête, le tronc et la queue. Sur la tête se trouvent les organes sensoriels et la bouche. L'animal se déplace avec la tête en avant, la queue en arrière, située derrière l'orifice anal. Le tronc se trouve entre la tête et la queue et porte quatre membres qui bien que présentant une diversité apparente sont construits selon un même plan.

➲ Certains organes disparaissent, par exemple la queue chez les batraciens, les pattes chez les serpents, etc.

■ La tête et la queue sont placés selon un axe appelé **axe antéro-postérieur**. La localisation du dos et du ventre de l'animal définit **l'axe dorso-ventral**. La tête porte des organes sensoriels pairs et le tronc des membres pairs de part et d'autre d'un plan de symétrie bilatérale. La disposition de ces organes pairs définit **l'axe droite-gauche**.

Les poissons, les amphibiens, les reptiles, les oiseaux et les mammifères présentent donc la même organisation commune.

2 Organisation interne

■ On retrouve la symétrie bilatérale et les trois axes de polarité dans l'organisation interne des Vertébrés.

■ Dans le plan de symétrie, on trouve un **squelette interne** constitué d'os en grande partie et de cartilage et formé d'une colonne vertébrale en position dorsale et placée selon l'axe antéro-postérieur.

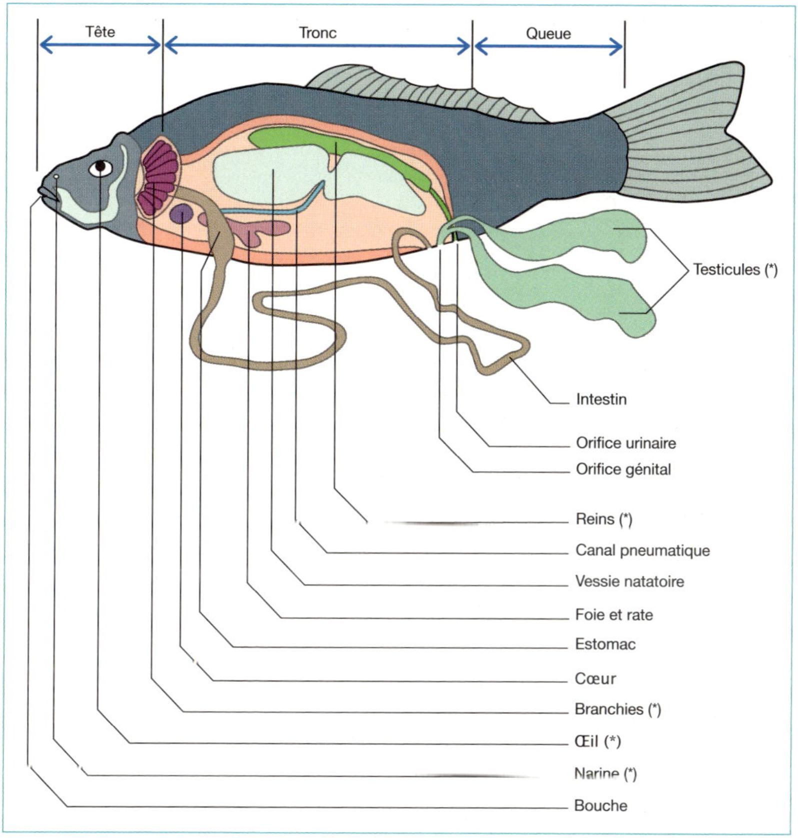

Doc. 2. Coupe longitudinale d'un poisson vu de profil. Les organes qui portent un astérisque sont des organes pairs qui sont placés de part et d'autre du plan de symétrie bilatérale.

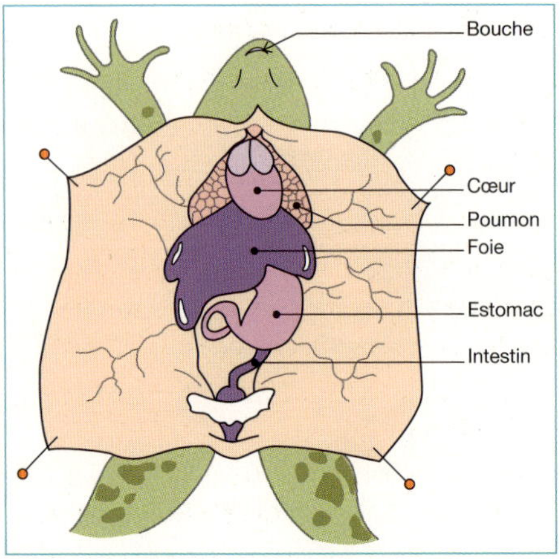

Doc. 3. Organisation interne d'un amphibien (grenouille). Vue ventrale.

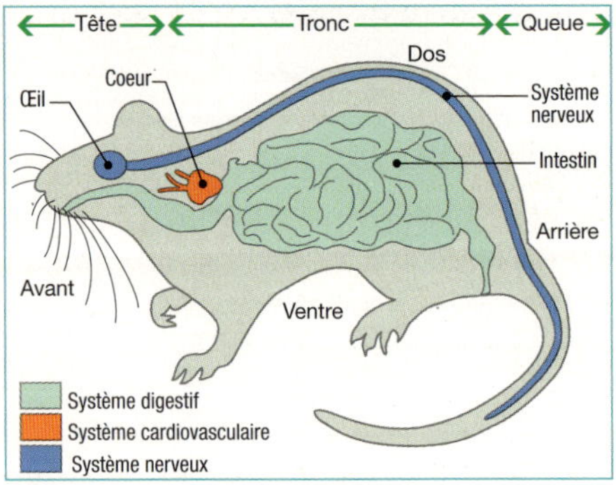

Doc. 4 Coupe longitudinale d'un mammifère (souris).

■ L'appareil digestif est disposé selon **l'axe antéro-postérieur** mais aussi sur la partie ventrale du corps. Le système nerveux chez les Vertébrés est en position dorsale par rapport à la colonne vertébrale. L'encéphale est protégé dans la boîte crânienne et la moelle épinière dans l'arc osseux dorsal formé par l'empilement des vertèbres de la colonne vertébrale.

■ La localisation anatomique de l'appareil digestif et du système nerveux est faite selon **l'axe dorso-ventral**.

■ Les poumons, les reins, les gonades (ovaires et testicules) sont pairs et sont placés selon **le plan de symétrie bilatérale**.

■ On observe qu'au sein de cette biodiversité, les différents groupes zoologiques présentés, mammifères, poissons, oiseaux, amphibiens et reptiles possèdent des ressemblances importantes. **Les Vertébrés ont donc une organisation commune.**

II Les arguments en faveur de l'existence d'un ancêtre commun aux Vertébrés

Sens d'une classification emboîtée

On a choisi plusieurs espèces appartenant à plusieurs groupes zoologiques : poissons (requin, sardine, maquereau), oiseaux (mésange, pigeon), amphibiens (grenouille), mammifères (Homme, gorille, chat), reptiles (crocodile, lézard).

On veut classer ces espèces en fonction de deux caractères, la présence de mâchoires et de doigts. On obtient le tableau suivant.

On retrouve dans une même boîte les espèces partageant un même caractère. L'emboîtement correspond à un partage de caractères de plus en plus nombreux.

Cette structure en groupes emboîtés constitue un argument important pour construire la notion d'évolution. À partir des groupes emboîtés, on peut aussi construire un arbre de parenté.

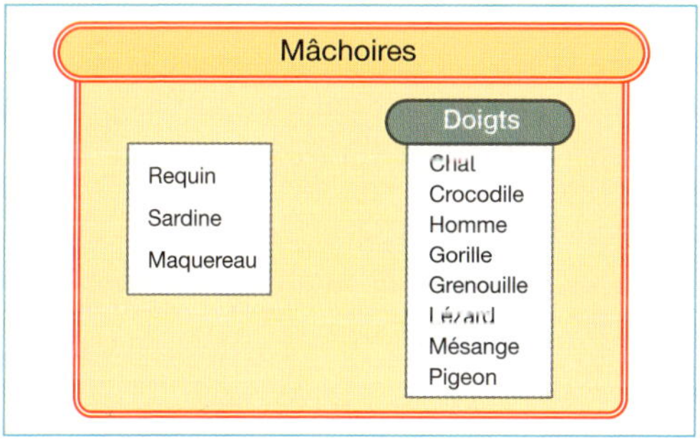

Doc. 5.

Arbre de parenté

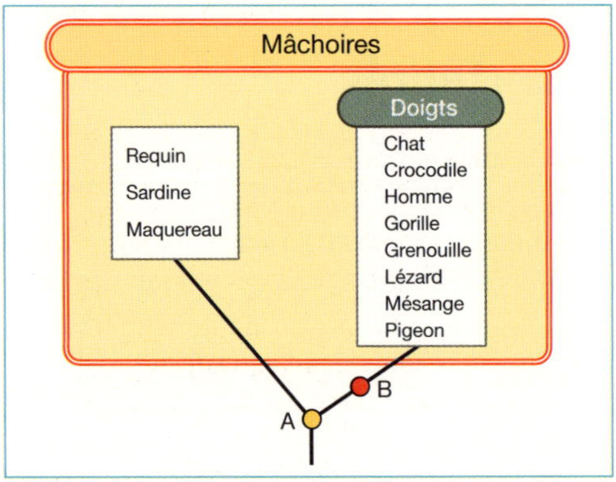

Doc. 6. A : Premier ancêtre commun aux espèces des boîtes « Mâchoires » et « Doigts ».
B : Deuxième ancêtre commun aux espèces de la boîte « Doigts ».

Le sens d'un arbre de parenté

Un arbre montre graphiquement les **liens de parenté** entre les espèces étudiées. Les branches de l'arbre correspondent à la transmission des caractères étudiés. Ces caractères peuvent être modifiés ou non. Les nœuds traduisent les **origines communes**.

Aux origines communes, on affecte la notion **d'ancêtres communs**.

Propriétés de l'ancêtre commun

L'ancêtre commun correspond à une reconstitution. Il a des caractères dont il a hérité et lorsqu'il possède de nouveaux caractères ou **innovations**, il les transmet à toute sa descendance.

Dans la classification, la position des fossiles dans l'arbre de parenté et leur âge donnent des **repères temporels** pour identifier les innovations repérables chez les différents ancêtres communs.

SCHÉMA BILAN

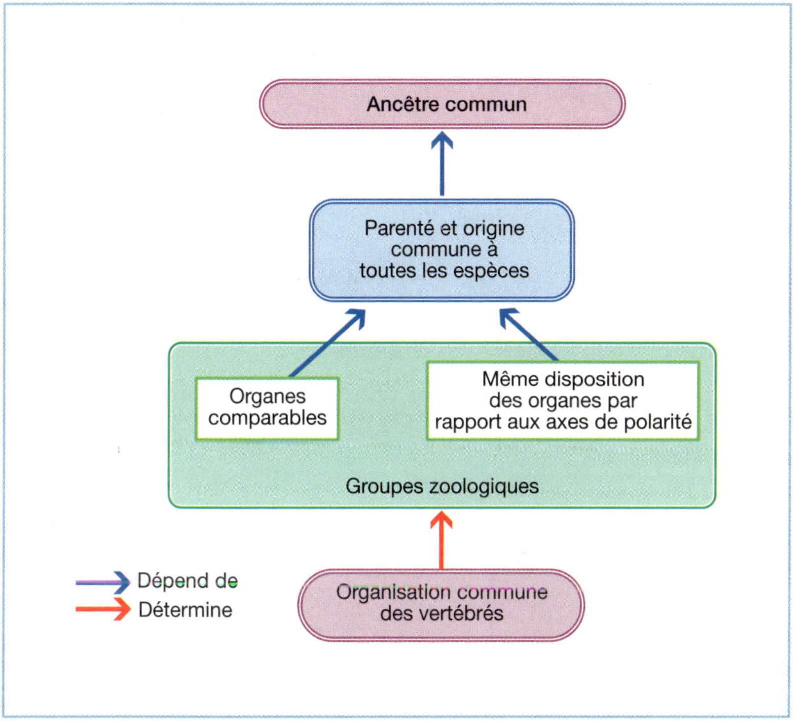

Doc. 7. Un ancêtre commun à la base des ressemblances importantes fondant les groupes zoologiques.

Les organes comparables et des similitudes dans la disposition des organes par rapport aux axes de polarité fondent les groupes zoologiques et mettent en évidence l'existence d'une parenté et d'une origine commune à toutes les espèces (ancêtre commun).

Identifier les attributs de l'ancêtre commun

■ Avec un logiciel spécialisé on affiche simultanément les trois représentations : arbre, tableau et groupes emboîtés. Il est alors possible de voir une même information sous trois formes. On peut alors pratiquer trois types d'activités :

– l'observation et la description ;

– la classification ;

– l'établissement des liens de parenté.

Pour faire apparaître les innovations et les caractères hérités, on peut identifier les attributs de l'ancêtre commun.

Un argument en faveur de l'origine commune des êtres vivants

■ **Plan d'organisation externe des Vertébrés**

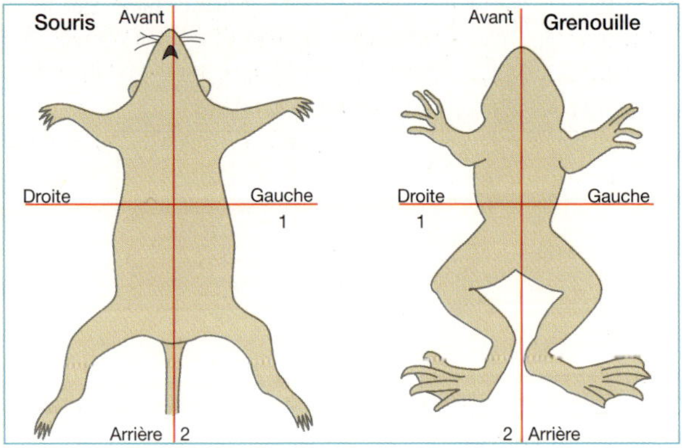

Doc. 8. Plan d'organisation externe de deux Vertébrés.
1 = axe de polarité droite gauche
2 = axe de polarité antéro-postérieur

Un plan d'organisation externe est donc commun à tous les Vertébrés.

Plan d'organisation interne

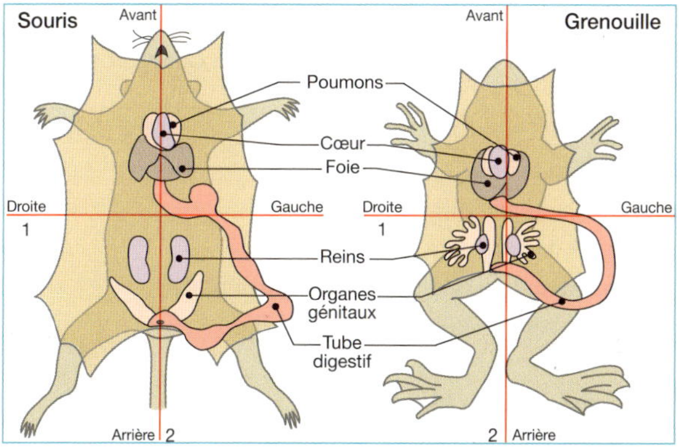

Doc. 9. Plan d'organisation interne de deux Vertébrés.

Lorsqu'on compare la disposition des organes chez les Vertébrés, on observe qu'on retrouve la plupart du temps les mêmes organes, disposés de la même manière par rapport aux axes de polarité.

On observe donc chez les Vertébrés, une similitude des plans d'organisation. Ceci constitue un argument en faveur d'une origine commune des êtres vivants.

Vérifier ses connaissances

Dans les exercices 1 à 4, relevez les affirmations exactes et corrigez celles qui sont inexactes.

1 Symétrie bilatérale chez les Vertébrés

a. On observe une symétrie bilatérale.
b. On n'observe pas de symétrie.
c. On observe une symétrie bilatérale sans particularité.
d. On observe une symétrie bilatérale particulière.

▸ corrigé p. 83

2 Axes de polarité chez les Vertébrés

a. La tête et la queue sont placées dans le même prolongement.
b. La localisation du dos et du ventre de l'animal définit l'axe antéro-ventral.
c. La tête porte des organes sensoriels impairs.
d. Le tronc porte des membres pairs de part et d'autre d'un plan de symétrie bilatérale.

▸ corrigé p. 83

3 Organisation des Vertébrés

a. Les poissons et les mammifères ne présentent pas la même organisation.
b. Les poissons et les reptiles présentent la même organisation.
c. Les reptiles, les oiseaux et les mammifères n'ont pas la même organisation.
d. Les poissons, les amphibiens, les reptiles, les oiseaux et les mammifères présentent la même organisation commune.

▸ corrigé p. 83

4 L'ancêtre commun :

a. ne correspond pas à une reconstitution.
b. possède toujours des innovations et ne les transmet pas à sa descendance.
c. possède parfois des innovations et ne les transmet pas à sa descendance.
d. possède parfois des innovations et les transmet à toute sa descendance.

▸ corrigé p. 83

S'entraîner

5 Comparaison des Vertébrés aux Arthropodes

Le document ci-dessous montre la coupe transversale d'un abdomen de criquet et on peut voir la disposition des organes selon l'axe dorso-ventral.

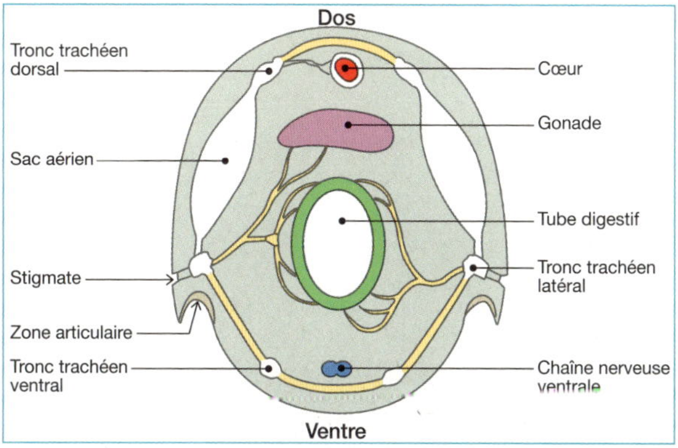

Doc. 10. Coupe transversale d'abdomen de criquet.

Le document ci-dessous représente une coupe transversale d'abdomen de Vertébré. Il s'agit d'une vue inférieure d'une coupe scannée en fausses couleurs.

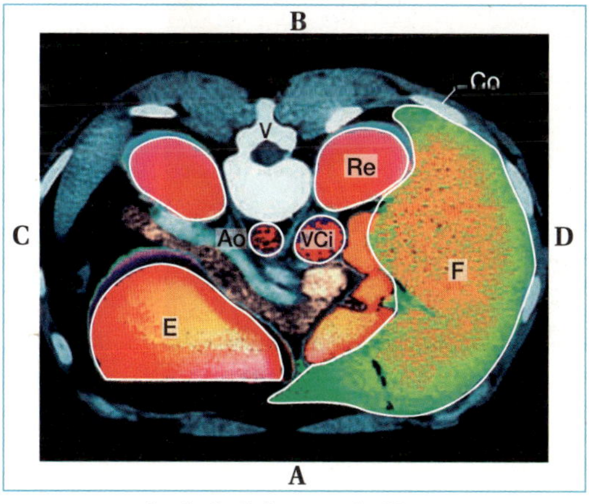

Doc. 11. Coupe transversale de l'abdomen de l'homme. Ao : aorte ; Co : côtes ; E : estomac ; F : foie ; Re : rein gauche ; V : vertèbre ; VCi : veine cave inférieure.

1. À l'aide vos connaissances, orientez la coupe du document 11, en associant aux lettres A, B, C, D, les parties droite, gauche, les faces postérieure et antérieure.

2. En comparant les documents 10 et 11, précisez la différence concernant la position du système nerveux. Justifiez les termes « hyponeurien » utilisé chez les arthropodes (crustacés, insectes…) et « épineurien » utilisé chez les Vertébrés. Ces termes concernent la position du système nerveux par rapport au tube digestif.

▸ corrigé p. 83

Problème

6 Similitudes des Vertébrés

Les documents ci-dessous représentent les squelettes d'un poisson et d'une souris.

Doc. 12. Squelettes de poisson et de souris.

1. Identifiez les ressemblances et les différences de ces deux squelettes et présentez vos résultats sous la forme d'un tableau.

2. Donnez des arguments, à partir de l'étude ces squelettes, pour montrer que les deux espèces présentent la même disposition de leurs organes.

3. Précisez la constitution et la localisation du système nerveux central.

▸ corrigé p. 84

1 a. **Vrai.**
b. **Faux.**
c. **Faux.**
d. **Vrai**, cette symétrie bilatérale leur est propre.

2 a. **Vrai**, c'est l'axe antéro-postérieur.
b. **Faux**, c'est l'axe dorso-ventral.
c. **Faux**, il porte des organes sensoriels pairs.
d. **Vrai.**

3 a. **Faux**, ils ont la même organisation.
b. **Vrai.**
c. **Faux.**
d. **Vrai.**

4 a. **Faux**, c'est une reconstitution.
b. **Faux.**
c. **Faux.**
d. **Vrai.**

5 1. A : Face ventrale ou antérieure
B : Face dorsale ou postérieure
C : Droite
D : Gauche
2. Chez les vertébrés, le système nerveux est en position dorsale alors qu'il est en position ventrale chez les arthropodes. Les vertébrés sont épineuriens car leur système nerveux est placé au-dessus du tube digestif. Les arthropodes sont hyponeuriens car leur système nerveux est placé au-dessous du tube digestif (cf. doc. 10).

6 **1.**

Caractères / Espèces	Similitudes	Différences
Poisson	Corps divisé en trois parties : tête, tronc, queue Crâne et colonne vertébrale osseux et en position dorsale – Polarité antéro-postérieure – Polarité dorso-ventrale – Plan de symétrie bilatérale	Membres = nageoires Os du squelette plus légers Squelette à forme hydrodynamique
Souris		4 membres = pattes articulées et rattachées à la colonne vertébrale Os du squelette plus massifs et adaptés à la locomotion terrestre

2. Comme le poisson et la souris présentent les mêmes axes de polarité et le même plan de symétrie bilatérale, on peut dire qu'ils présentent le même plan d'organisation.

3. Le système nerveux central est constitué de l'encéphale et de la moelle épinière.

L'encéphale se trouve dans le crâne et le moelle épinière se trouve dans le canal rachidien de la colonne vertébrale.

7 Dérive génétique et conséquences

I La dérive génétique et la sélection naturelle : deux processus pouvant conduire à l'apparition de nouvelles espèces

1 Notion de dérive génétique

■ Au sein d'une petite population numériquement stable, on veut étudier le côté aléatoire des variations de fréquences alléliques, c'est-à-dire appréhender le rôle du hasard dans l'évolution du génome. On va pour cela utiliser un logiciel de simulation numérique.

Avec ce logiciel, on va simuler l'évolution des fréquences alléliques au cours des générations successives en modulant le nombre de générations.

On dispose d'une population de 20 individus. On va suivre l'évolution aléatoire d'un gène pouvant exister sous quatre formes alléliques (allèles 1, 2, 3 et 4). On appelle valeur sélective la capacité que possède un individu d'un certain génotype à survivre et à se reproduire. On va choisir la valeur sélective des 4 allèles. Dans ce modèle les valeurs sélectives s'étendent de 0 (stérilité ou mort avant de pouvoir se reproduire) à 1 (succès reproducteur maximal).

On va ensuite lancer la simulation avec le logiciel. Les calculs sont faits suivant les lois de Hardy-Weinberg. Au démarrage, on obtient l'écran suivant (doc. 1).

■ On observe deux couleurs dans la colonne parents. Elles correspondent à la constitution des couples. Dans la colonne « génération fille », les deux teintes représentent le rang des enfants dans les familles.

■ On n'effectue pas de tirage au sort au démarrage. Par un simple clic sur « Simulation », on déclenche chez la génération des parents la distribution des allèles et chez les enfants, la simulation de répartition des allèles. On obtient les résultats suivants (doc. 2).

Génération mère :

	Version Allèle 1	Version Allèle 2
Individu 1		
Individu 2		
Individu 3		
Individu 4		
Individu 5		
Individu 6		
Individu 7		
Individu 8		
Individu 9		
Individu 10		
Individu 11		
Individu 12		
Individu 13		
Individu 14		
Individu 15		
Individu 16		
Individu 17		
Individu 18		
Individu 19		
Individu 20		

Génération fille :

	Version Allèle 1	Version Allèle 2
Enfant 1		
Enfant 2		
Enfant 3		
Enfant 4		
Enfant 5		
Enfant 6		
Enfant 7		
Enfant 8		
Enfant 9		
Enfant 10		
Enfant 11		
Enfant 12		
Enfant 13		
Enfant 14		
Enfant 15		
Enfant 16		
Enfant 17		
Enfant 18		
Enfant 19		
Enfant 20		

Fréquences Allèliques :

Allèle 1 : %

Allèle 2 : %

Allèle 3 : %

Allèle 4 : %

Fréquences Allèliques :

Allèle 1 : %

Allèle 2 : %

Allèle 3 : %

Allèle 4 : %

Simulation | Génération suivante | Légende

Doc. 1.

Génération mère :

	Version Allèle 1	Version Allèle 2
Individu 1	3	3
Individu 2	3	2
Individu 3	2	4
Individu 4	1	4
Individu 5	4	3
Individu 6	1	2
Individu 7	4	4
Individu 8	2	1
Individu 9	4	1
Individu 10	4	2
Individu 11	3	4
Individu 12	1	3
Individu 13	2	2
Individu 14	3	3
Individu 15	2	2
Individu 16	4	3
Individu 17	1	3
Individu 18	1	1
Individu 19	1	1
Individu 20	1	2

Génération fille :

	Version Allèle 1	Version Allèle 2
Enfant 1	3	3
Enfant 2	2	1
Enfant 3	3	2
Enfant 4	4	2
Enfant 5	4	4
Enfant 6	4	3
Enfant 7	2	3
Enfant 8	2	4
Enfant 9	3	3
Enfant 10	4	4
Enfant 11	4	1
Enfant 12	4	2
Enfant 13	4	4
Enfant 14	4	3
Enfant 15	3	2
Enfant 16	2	1
Enfant 17	3	2
Enfant 18	4	4
Enfant 19	3	2
Enfant 20	2	1

Fréquences Allèliques à la génération n°0

Allèle 1 : 25 %

Allèle 2 : 25 %

Allèle 3 : 25 %

Allèle 4 : 25 %

Fréquences Allèliques à la génération n°1

Allèle 1 : 10 %

Allèle 2 : 27,5 %

Allèle 3 : 27 5 %

Allèle 4 : 35 %

Simulation | Génération suivante | Légende

Doc. 2.

Au fil des générations, la proportion des allèles varie de manière totalement aléatoire jusqu'à ce que l'un des allèles disparaisse de manière imprévisible. En effet, à l'issue d'une simulation, on observe que la première disparition d'allèle a lieu à la 31e génération, la deuxième disparition à la 46e génération, et qu'après 100 générations il ne reste plus qu'un seul allèle.

On obtiendra des résultats toujours différents si on clique plusieurs fois sur le bouton « Simulation ».

On a donc montré que la **dérive génétique** est la **modification aléatoire** de la **diversité** des **allèles.** Par le seul jeu du hasard des croisements au sein d'une population, il se produit un phénomène totalement aléatoire déterminant la disparition de certains allèles d'un caractère donné au profit d'un seul.

Si la population a un faible effectif, la dérive génétique est importante, si l'effectif de la population est important, les fréquences des allèles sont généralement stables.

2 Notion de sélection naturelle

■ Au sein d'une population, les individus les moins adaptés à leur environnement disparaissent peu à peu tandis que ceux qui sont bien adaptés se reproduisent et transmettent à leurs descendants un patrimoine génétique avantageux. Un tel processus est appelé **sélection naturelle.**

■ *Exemple : L'évolution de la résistance aux insecticides chez les moustiques du Languedoc-Roussillon.*

Dans cette région, depuis plus de 20 ans, Nicole Pasteur et son équipe surveillent des populations de moustiques (*Culex pipiens*) soumis à des traitements intensifs d'insecticides. On a remarqué que les insectes ont développé des résistances aux insecticides au fur et à mesure de l'apparition de nouveaux produits insecticides ayant de nouvelles formules chimiques.

Sur le littoral méditerranéen traité par les insecticides, ce sont les moustiques résistants qui sont favorisés par la sélection naturelle. Dans l'arrière-pays non traité, ce sont les moustiques sensibles aux insecticides qui sont avantagés par la sélection naturelle. Ces moustiques sensibles aux insecticides ont migré du littoral vers l'arrière-pays.

Dans cet exemple, ce sont les organismes les plus aptes à survivre et à se reproduire qui sont triés dans la population.

■ Dans certaines conditions du milieu, un caractère peut augmenter le nombre relatif de descendants d'un individu ; on parle alors d'**avantage sélectif**.

3 Facteurs déterminant l'apparition de nouvelles espèces

■ Chez les organismes ayant subi la sélection naturelle, les nouveaux allèles sont créés par mutation et déterminent l'apparition de nouvelles espèces, puis le brassage des populations est assuré par les migrations. Les populations mutées vivant dans un milieu différent, confrontent ces allèles aux nouvelles contraintes de l'environnement. C'est ainsi que la mutation crée de la diversité et que la sélection naturelle détermine l'apparition de nouvelles espèces.

■ Comme la dérive génétique est la modification aléatoire de la diversité des allèles, elle détermine aussi l'apparition de nouvelles espèces.

II Étude des liens entre la dérive génétique, les crises biologiques, et l'évolution des espèces

1 Lien entre crise biologique et baisse des effectifs des populations

■ Le graphique ci-dessous montre l'évolution du nombre de genres marins au cours du temps. Des événements attestant d'une crise biologique majeure marquent le passage du Crétacé au Paléocène.

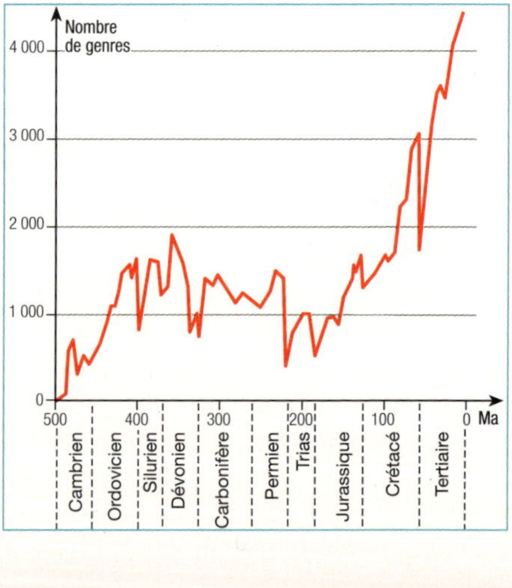

Doc. 3. Évolution du nombre de genres marins au cours du temps.

■ L'histoire de la vie sur la Terre est ponctuée de crises plus ou moins importantes, au cours desquelles de nombreuses espèces ont disparu.

■ Au cours de ces crises, les conditions de l'environnement changent (volcanisme intense, obscurité…), ce qui provoque des modifications profondes de l'ensemble des organismes vivants à la surface du globe.

La baisse des effectifs des populations constitue un facteur favorable à la dérive génétique.

■ Malgré le taux important d'extinction des espèces, certains organismes vivants survivent à ces crises et participent à la constitution de nouvelles populations ayant de nouveaux allèles.

2 Lien entre crise biologique, dérive génétique et évolution des espèces

Pendant une période de crise biologique, l'effectif de la population est faible et la dérive génétique marquée. Après la crise biologique, la biodiversité s'accroît, ce qui conduit à une diversification des êtres vivants et permet d'occuper les espaces libres laissés par les espèces disparues. Cette modification de la biodiversité s'accompagne de l'apparition d'innovations évolutives chez les groupes survivants qui doivent s'adapter à de nouveaux milieux.

SCHÉMA BILAN

Dans une population, la vitesse de disparition des allèles ou au contraire leur stabilité va dépendre de la force de la dérive génétique.

Lorsque la dérive génétique est importante, certains allèles disparaissent rapidement et déterminent un potentiel adaptatif nul qui, associé à des modifications des facteurs du milieu, est à l'origine de la disparition des espèces non adaptées.

Lorsque la dérive génétique est faible, la fréquence des allèles est stable et lorsque les facteurs du milieu varient, seules les espèces adaptées sont avantagées.

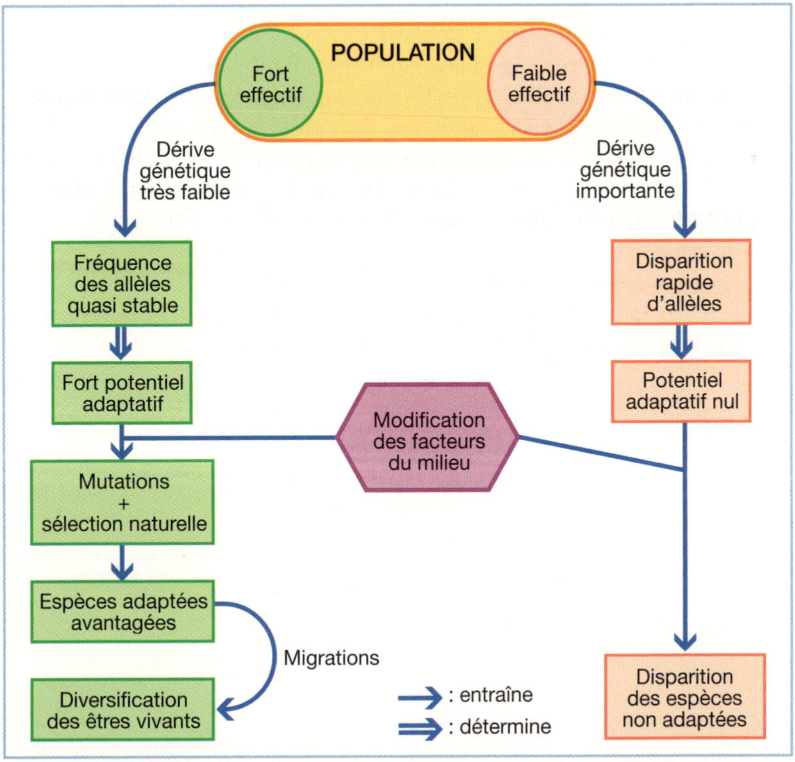

Doc. 4. Les mutations, la sélection naturelle, les migrations et la dérive génétique : quatre forces à l'origine de l'évolution des espèces.

Réduction du potentiel adaptatif de certaines espèces

La dérive génétique dépend de l'effectif de la population. Plus cet effectif est faible, plus les allèles disparaissent rapidement. Pour certaines espèces, lorsque l'effectif de leurs populations est trop réduit, il n'y a plus aucun potentiel adaptatif.

Les raisons de baisse d'effectif peuvent être variées, réduction de l'espace vital, chasse intensive par l'homme, épuisement des ressources par surexploitation…

C'est la raison pour laquelle on essaie de mettre en place et de poursuivre des actions pour préserver des espèces. À cet effet, on maintient ou on tente de restaurer un effectif de base suffisant pour les espèces en voie de disparition. L'objectif est de réduire les conséquences de la dérive génétique et de maintenir la capacité d'adaptation de ces espèces.

Modification de la sélection naturelle

La sélection naturelle peut être modifiée par la culture des populations suite à l'adoption de nouveaux modes de vie.

Par exemple, par la consommation quotidienne du lait de vache, les personnes tolérant le lactose (sucre contenu dans le lait) ont été favorisées mais on a aussi vu apparaître, en faible quantité, des personnes intolérantes au lactose.

Co-évolution de la culture et des gènes

L'évolution de la culture serait ainsi le résultat de l'interaction entre les conséquences de la sélection culturelle et de la sélection naturelle.

Cette évolution est à mettre en parallèle avec celle des structures anatomiques (volume crânien, structure du cortex) et celles concernant les conditions de notre environnement.

Certains auteurs parlent de co-évolution de la culture et des gènes.

Vérifier ses connaissances

Dans les exercices 1 à 4, relevez les affirmations exactes et corrigez celles qui sont inexactes.

1 Au sein d'une population :

a. les individus les plus adaptés à leur environnement disparaissent peu à peu.
b. les individus les moins adaptés à leur environnement disparaissent peu à peu.
c. les individus les moins adaptés à leur environnement disparaissent peu à peu. C'est la sélection naturelle.
d. les individus les plus adaptés à leur environnement transmettent à leur descendance un patrimoine génétique désavantageux. ▸ corrigé p. 95

2 La dérive génétique :

a. est la modification de la diversité des allèles.
b. n'est pas la modification de la diversité des gènes.
c. est le résultat de la disparition de tous les allèles d'un caractère.
d. est le résultat de la disparition de certains allèles d'un caractère donné au profit d'un seul. ▸ corrigé p. 95

3 La dérive génétique et la sélection naturelle sont deux processus :

a. pouvant déterminer l'apparition de nouvelles espèces.
b. ne pouvant déterminer l'apparition de nouvelles espèces.
c. pouvant déterminer l'apparition d'anciennes espèces.
d. ne pouvant déterminer l'apparition d'anciennes espèces. ▸ corrigé p. 95

4 Dans une population, la vitesse de disparition des allèles :

a. dépend de la force de la sélection naturelle.
b. ne dépend pas de la force de la sélection naturelle.
c. ne dépend pas de la force de la dérive génétique.
d. dépend de la force de la dérive génétique. ▸ corrigé p. 95

S'entraîner

5 Évolution du taux de mutation des bactéries en milieu hospitalier

Comme le taux de mutation des bactéries est élevé en milieu hospitalier, elles deviennent plus rapidement résistantes aux antibiotiques.

Certains disent en plaisantant que le meilleur moyen de tomber malade, est de se rendre à l'hôpital. Malheureusement, la réalité des maladies dites « nosocomiales » vient parfois argumenter cette boutade.

En milieu hospitalier, les traitements antibiotiques intensifs procurent un avantage sélectif immense aux bactéries résistantes à ces antibiotiques, donc le risque d'être infecté par une bactérie résistante est plus grand que dans tout autre milieu. Mais en milieu hospitalier, trouver rapidement les « bonnes » mutations qui permettront de résister à un nouvel antibiotique, constitue aussi un avantage non négligeable. C'est la raison pour laquelle les bactéries « hypermutatrices » sont aussi sélectionnées.

(D'après les travaux de François Taddei et Bernard Godelle, Paris et Montpellier.)

1. Indiquez pourquoi le taux de mutation des bactéries est élevé en milieu hospitalier.
2. Expliquez pourquoi il est plus difficile de soigner les maladies nosocomiales.
3. Indiquez la thérapie que mettra certainement en place le médecin.

▸ corrigé p. 95

6 Répartition des allèles

En 1980, Sakaizumi a étudié la répartition des allèles d'un gène codant pour une enzyme chez un poisson d'eau douce vivant dans les rizières, ruisseaux et mares du Japon. Le document ci-contre montre la répartition des allèles de ce gène.

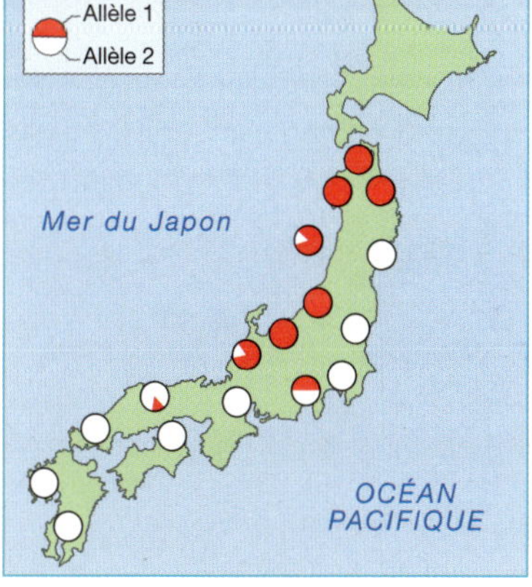

Doc. 5. Répartition des allèles 1 et 2 codant pour une enzyme chez un poisson d'eau douce japonais.

On sait que le fait de posséder ces allèles ne confère aucun avantage physiologique à l'espèce qui la porte.

Sachant qu'une chaîne de montagnes sépare la côte de la mer du Japon et celle de la côte Pacifique, proposez une hypothèse pour expliquer la répartition de ces allèles. corrigé p. 95

Problème

7 Le graphique ci-dessous traduit le résultat d'une simulation numérique effectuée sur une population de 21 personnes avec 4 allèles différents. On a représenté l'évolution de ces 4 différents allèles sur 220 générations.

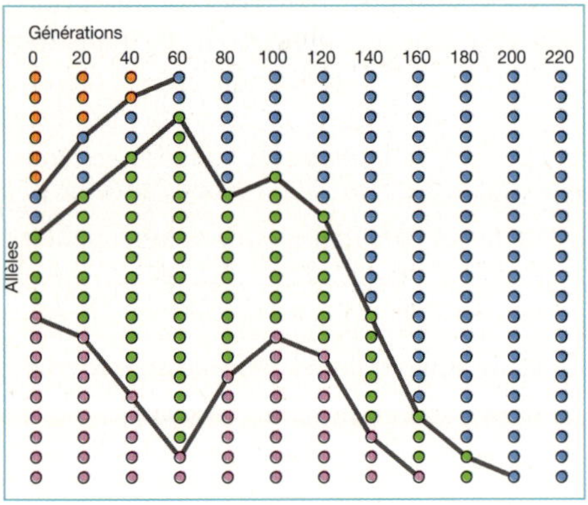

Doc. 6. Évolution de la fréquence des allèles au cours de 220 générations.

1. Indiquez ce que représentent les quatre couleurs employées dans ce graphique.

2. Précisez comment évoluent les allèles au cours des générations.

3. Utilisez les résultats du graphique pour expliquer cette phrase : « S'il n'y a pas d'apport génétique externe ou de nouvelles mutations, les petites populations deviennent génétiquement homogènes. »

4. Précisez la notion qui est illustrée par ce graphique. corrigé p. 95

1 a. **Faux**, ce sont les moins adaptés qui disparaissent. b. **Vrai.** c. **Vrai.** d. **Faux.** Ils transmettent à leur descendance un patrimoine génétique avantageux.

2 a. **Vrai.** b. **Faux**, c'est une modification aléatoire de la diversité des allèles. c. **Faux**, c'est le résultat de la disparition de certains allèles d'un caractère donné. d. **Vrai.**

3 a. **Vrai.** b. **Faux.** c. **Faux.** Elles ne conduisent qu'à l'apparition de nouvelles espèces. d. **Vrai.**

4 a. **Faux**, de la force de la dérive génétique. b. **Vrai.** c. **Faux.** Il dépend de la force de la dérive génétique. d. **Vrai.**

5 1. Ce taux est élevé car en milieu hospitalier, les bactéries deviennent plus résistantes aux antibiotiques.

2. Il est plus difficile de soigner les maladies nosocomiales car c'est le résultat d'infections par des bactéries qui sont devenues résistantes à l'issue de traitements antibiotiques intensifs.

3. Il faut donc trouver des antibiotiques auxquels ces bactéries ne sont pas encore résistantes.

6 La répartition des allèles peut s'expliquer par le fait que chaque variété de l'espèce s'est adaptée aux conditions du milieu de vie qui sont vraisemblablement différentes sur les deux côtes.

7 1. Les quatre couleurs représentent les quatre allèles.

2. Pendant 40 générations, on a 4 allèles mais leurs fréquences évoluent différemment. Le nombre d'allèles verts augmente très vite pendant que celui des allèles rouges diminue très vite pour disparaître entre la 40e et la 60e génération. Puis entre la 80e et la 200e génération, la quantité des autres allèles restants diminue au profit des allèles bleus.

3. À partir de la 200e génération, seul l'allèle bleu est présent, tous les autres ont disparu, la population est devenue homogène.

4. La notion qui est illustrée par ce graphique est celle de dérive génétique.

8 La photosynthèse à l'échelle de la planète

I Synthèse de la matière organique par les végétaux chlorophylliens

1 Les cellules végétales sont des cellules eucaryotes chlorophylliennes

Les cellules végétales possèdent des éléments qui leur sont indispensables pour le déroulement de la photosynthèse :

– la vacuole, lieu de stockage des molécules formées au cours de la photosynthèse ;

– les **chloroplastes,** où se déroule la **photosynthèse**. Les chloroplastes contiennent un pigment vert, la chlorophylle, responsable de la couleur des végétaux. La **chlorophylle** capte l'énergie lumineuse indispensable pour la photosynthèse.

2 L'activité photosynthétique

Dans les parties chlorophylliennes des végétaux, les cellules utilisent le CO_2 absorbé par les feuilles, l'eau et les ions minéraux prélevés dans le sol par les racines, l'énergie lumineuse captée par les pigments chlorophylliens contenus dans les chloroplastes et synthétisent ainsi leur propre matière organique. C'est la **photosynthèse**.

Équation bilan de la photosynthèse :

$$CO_2 + H_2O \xrightarrow{\text{Énergie lumineuse + ions minéraux}} \underset{\text{(C, H, O, N)}}{\text{Molécules organiques}} + O_2$$

Métabolisme hétérotrophe

Les animaux et les champignons sont des organismes hétérotrophes. Cependant, lorsque les végétaux respirent, il s'agit aussi d'hétérotrophie. La respiration se déroule nuit et jour dans toutes les cellules végétales et animales au sein d'organites spécifiques, les mitochondries.

II Rôle de la photosynthèse à l'échelle de la planète

1 Renouvellement du dioxygène

En l'absence de dioxygène, il ne pourrait pas y avoir de vie sur Terre, or c'est uniquement au cours de la photosynthèse que le dioxygène est renouvelé. Si la respiration des êtres vivants continuait au même rythme qu'actuellement, et s'il n'y avait plus de photosynthèse, en moins de 4 000 ans il n'y aurait plus de dioxygène dans l'atmosphère.

2 Production de la biomasse

La biomasse est constituée par l'ensemble de la matière organique d'origine animale ou végétale.

- En écologie, la biomasse correspond à la masse totale d'organismes vivants à un moment donné et dans un biotope donné. Lorsqu'il s'agit d'un milieu terrestre, elle peut être estimée par unité de surface et lorsqu'il s'agit d'un milieu aquatique, par unité de volume.
- Pour l'ensemble du globe, la **biomasse végétale annuelle** est de l'ordre de 200 gigatonnes (Gt) de matière sèche. La biosphère terrestre en produit 65 % et l'hydrosphère 36 %. Cette biomasse végétale est utilisée pour l'alimentation, pour le bois et le papier, pour le chauffage, et pour la production d'agrocarburants.

3 Production primaire

- Les végétaux chlorophylliens sont producteurs primaires et assimilent de l'énergie au cours de la photosynthèse. L'énergie totale accumulée correspond à la **production primaire brute.**
- La plante utilise aussi de l'énergie au cours de la respiration. La **production primaire nette** représente la différence entre l'énergie totale accumulée par la plante au cours de la photosynthèse et l'énergie que la plante a utilisée au cours de la respiration.
- Les producteurs primaires constituent le premier maillon d'une chaîne alimentaire dans un réseau trophique.

4 Productivité primaire

- La **productivité primaire**, réalisée par tous les producteurs primaires d'un écosystème, correspond à la quantité totale de matière organique fixée par les végétaux chlorophylliens au cours de la photosynthèse et peut être mesurée en matière fraîche, ou en matière sèche (si on en soustrait l'eau). Avec la valeur de la productivité primaire, on peut déterminer la quantité d'énergie disponible pour les autres organismes de la chaîne alimentaire.

■ Les végétaux produisent de la matière qui est consommée par les animaux. Au moment de la respiration, les animaux dégradent la matière organique en consommant du dioxygène et produisent du CO_2. À l'échelle planétaire, il se crée un grand cycle du dioxygène et du dioxyde de carbone qui est déclenché par la lumière solaire, grâce à la photosynthèse.

Aujourd'hui les combustibles fossiles, pétrole, gaz et charbon sont utilisés massivement. Ils sont le résultat d'une très active photosynthèse qui s'est réalisée au Carbonifère et constituent une **énergie non renouvelable**. Au cours de la photosynthèse actuelle, de nombreux produits constituant la biomasse sont formés. Ce sont les grains, le bois, les déchets agricoles. Ils constituent une part très importante des **énergies renouvelables** à la disposition de l'humanité.

SCHÉMA BILAN

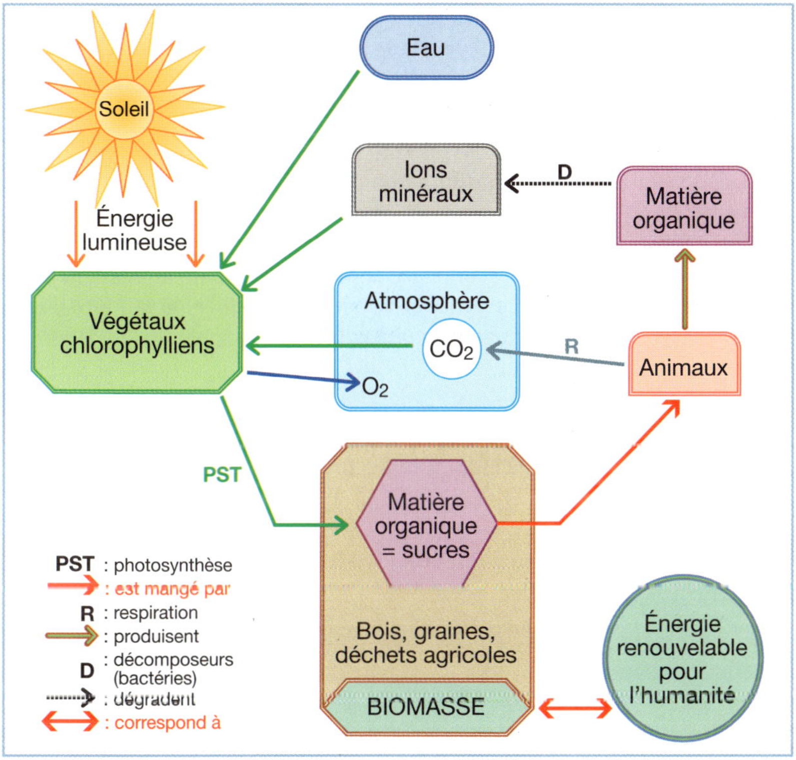

Doc. 1. Conditions de production de la biomasse, une part importante des énergies renouvelables à la disposition de l'humanité.

■ Tous les végétaux chlorophylliens absorbent le CO_2 du milieu de vie (aquatique ou aérien), l'énergie lumineuse, l'eau et les ions minéraux disponibles dans le milieu et produisent de la matière organique qui va constituer la biomasse.

■ La matière organique produite au cours de la photosynthèse est consommée par les animaux pour la fabrication de leur propre matière organique et aussi dégradée au cours de la respiration et transformée en énergie chimique.

■ La biomasse est aussi constituée de bois, fibres, graines et déchets agricoles et constitue une énergie renouvelable pour l'humanité.

Techniques de mesure de la productivité primaire océanique

Mesure du développement du phytoplancton par la quantité de carbone assimilé par ce phytoplancton par m^3 de surface océanique et par jour

– On prélève des échantillons d'eau de mer de surface en différents points. On les place sur le pont du bateau d'étude et on les soumet à différentes énergies lumineuses (100 %, 50 %, 10 % de l'énergie superficielle).

– On ajoute du CO_2 contenant du carbone 14 (^{14}C) et au bout de quelques heures, on mesure par la radioactivité acquise, la quantité de ^{14}C se trouvant dans la matière organique.

En faisant un calcul, on peut connaître la production totale de matière organique sous un m^2 de surface pendant la partie ensoleillée de la journée. On retire 10 % pour tenir compte de la consommation au cours de la respiration nocturne.

On exprime le résultat en mg C/m^2/jour et il correspond à la productivité primaire océanique.

Mesure de la quantité de chlorophylle présente dans les cellules du phytoplancton

– En utilisant un solvant, on extrait la chlorophylle, pigment donnant au végétal sa couleur verte. Avec un spectrophotomètre, on mesure l'intensité de la couleur verte de la chlorophylle.

– On exprime ainsi la productivité primaire en mg de chlorophylle.

Vérifier ses connaissances

Dans les exercices 1 à 4, relevez les affirmations exactes et corrigez celles qui sont inexactes.

1 La biomasse :

a. est constituée par l'ensemble de la matière minérale.

b. n'est pas constituée par l'ensemble de la matière minérale.

c. est constituée par l'ensemble de la matière organique.

d. n'est pas constituée par l'ensemble de la matière organique d'origine animale ou végétale.

▸ corrigé p. 103

2 La production primaire brute :

a. C'est l'énergie totale accumulée par les végétaux chlorophylliens au cours de la respiration.

b. C'est l'énergie partielle accumulée par les végétaux chlorophylliens au cours de la photosynthèse.

c. Ce n'est pas l'énergie totale accumulée par les champignons au cours de la respiration.

d. C'est l'énergie totale accumulée par les végétaux chlorophylliens au cours de la photosynthèse.

▸ corrigé p. 103

3 La biomasse :

a. n'est pas constituée de matières animales.

b. n'est pas constituée de matières végétales.

c. ne constitue pas une énergie renouvelable pour les végétaux.

d. constitue une énergie renouvelable pour l'humanité.

▸ corrigé p. 103

4 Les combustibles fossiles :

a. ont été produits à l'issue d'une photosynthèse de faible intensité qui s'est déroulée au Carbonifère.

b. n'ont pas été produits à l'issue d'une photosynthèse de faible intensité qui s'est déroulée au Carbonifère.

c. ont été produits à l'issue d'une photosynthèse de forte intensité qui s'est déroulée au Carbonifère.

d. ont été produits à l'issue d'une photosynthèse de forte intensité qui s'est déroulée au Trias.

▸ corrigé p. 103

S'entraîner

5 Conséquences de l'augmentation de la consommation d'aliments d'origine animale

On sait que la plus-value énergétique est de 219,2 10^3 kcal/j, ce qui correspond à une ration de 80 personnes. Mais avec l'évolution de notre mode de vie et de notre alimentation, nous consommons de plus en plus d'aliments d'origine animale. Les surfaces chlorophylliennes devront donc être de plus en plus importantes.

La nourriture sous forme végétale dépend de la ressource fossile, puisque pour produire une calorie végétale, 0,2 à 0,5 calorie fossile sont nécessaires. Pour produire une calorie sous forme de lait ou de viande 2 à 10 calories fossiles sont nécessaires. Cela correspond à 200 g de pétrole pour la production d'un kg de blé ou encore 6 kg de pétrole pour la production d'un kg de viande.

La production photosynthétique agricole est soumise à des limitations de divers ordres.

1. Expliquez le lien entre l'augmentation de la consommation d'aliments d'origine animale et l'augmentation des surfaces chlorophylliennes.

2. Précisez quelles peuvent être ces limitations.

▸ corrigé p. 103

Problème

6 Les plantes chlorophylliennes captent l'énergie solaire et l'utilisent pour fabriquer leur matière organique (sucres, bois, graines, pailles...). Cette matière organique peut être utilisée directement comme le bois de chauffage ou subir des transformations chimiques comme dans le cas de la production de biogaz ou d'agrocarburant. Le bois de chauffage, le biogaz ou l'agrocarburant désignent ce que l'on appelle l'énergie de la biomasse.

1. Indiquez comment est libérée l'énergie du bois.

2. Précisez les inconvénients de la combustion du bois.

3. Indiquez les conditions nécessaires pour que l'utilisation du bois n'aggrave pas l'effet de serre.

4. Expliquez pourquoi le bois est une ressource et une énergie renouvelable à la disposition de l'humanité.

▸ corrigé p. 103

1 a. **Faux**, par l'ensemble de la matière organique. b. **Vrai.** c. **Vrai.** d. **Faux.** Elle est constituée par l'ensemble de la matière organique d'origine animale ou végétale.

2 a. **Faux**, au cours de la photosynthèse. b. **Faux**, c'est énergie totale. c. **Vrai.** d. **Vrai.**

3 a. **Vrai.** b. **Faux.** Elle est aussi constituée de bois, graines et de déchets agricoles. c. **Faux.** Elle constitue une énergie renouvelable pour l'humanité. d. **Vrai.**

4 a. **Faux.** Ils se sont formés à l'issue d'une photosynthèse très active. b. **Vrai.** c. **Vrai.** d. **Faux.** Cela s'est passé non pas au Trias mais au Carbonifère.

5 1. Comme 5 à 10 fois plus de surface sont nécessaires pour produire la même nourriture sous forme animale que sous forme végétale, cela explique le lien entre l'augmentation de la consommation d'aliments d'origine animale et l'augmentation des surfaces chlorophylliennes.

2. Il peut s'agir de :
– contraintes de l'environnement (intensité de la lumière, concentration du CO_2...) ;
– contraintes génétiques (techniques d'hybridation et de manipulations génétiques...) ;
– influence de l'homme (fertilisation, déboisement, surpâturage, irrigation, drainage).

6 1. Par combustion sous forme de chaleur et de gaz de bois.

2. Les inconvénients de la combustion du bois sont la pollution et l'emission de CO_2.

3. Il faut que les surfaces forestières augmentent.

4. Le bois est fabriqué indéfiniment par photosynthèse à la surface de toute la planète. Comme sa combustion délivre de l'énergie, il constitue une source d'énergie renouvelable.

C'est aussi une ressource parce que sa productivité génère des gains, des filières et des emplois locaux. La gestion de cette ressource diminue les pollutions dues à l'acheminement du pétrole. Cela permet aussi aux pays d'augmenter leur autonomie énergétique et crée un tissu d'activité économique, source d'emploi.

9 La transformation de la biomasse végétale et sa gestion

I L'origine des combustibles fossiles

1 Les conditions de mise en place des combustibles fossiles

À la fin de l'ère primaire, au cours d'une période appelée Carbonifère, la Terre possède un climat chaud et humide, sa surface est recouverte de marécages et d'une végétation luxuriante. Suite à l'affaissement de certains terrains, se produisent une accumulation de débris végétaux, leur fermentation, puis leur enfouissement sous des sédiments. Les nombreuses répétitions de ce processus conduisent à la formation des roches combustibles à haute teneur en carbone, **présentes en quantité limitée** à la surface de la planète et non renouvelables à l'échelle du temps humain.

2 Les combustibles contenant de l'énergie solaire fossile

■ Les roches combustibles sont les charbons (tourbe, lignite), les pétroles et les gaz naturels. Ce sont des roches carbonées dont la combustion dégage une énergie calorifique. Ces roches se sont formées à l'issue de l'enfouissement dans les sédiments de matière organique et ont emmagasiné de l'énergie chimique ayant pour origine d'une part la matière organique initiale et d'autre part des processus de maturation qui sont intervenus après l'enfouissement.

■ Or, cette matière organique initiale contenait de **l'énergie solaire**, convertie en énergie chimique par les organismes photosynthétiques ou producteurs primaires.

■ **Des restes organiques dans les combustibles fossiles**

Les charbons regroupent la tourbe, le lignite, la houille, l'anthracite et le graphite et résultent de la carbonisation plus ou moins complète de matière organique végétale (feuilles, algues, spores, débris de bois…) provenant de végétaux supérieurs (arbres, fougères, prêles, lycopodes…).

Alors que la tourbe et le lignite sont des roches moins évoluées dans le processus de carbonisation et contiennent encore des traces végétales, la houille et l'anthracite, plus évoluées, n'en contiennent plus. Le graphite, terme ultime de la série de charbon est formé de 100 % de carbone.

Des restes organiques sont présents dans tous les combustibles fossiles, ils sont donc issus d'une biomasse.

	Matière organique végétale	Part de carbone (en %)	Part d'hydrogène (en %)	Part d'oxygène (en %)
Bois	Lignine	50	6	43
Tourbe	Débris végétaux très visibles	55-60	6	43-39
Lignite	Débris ligneux	66-70	5	25-39
Houille	disparue	80-90	5	6-14
Anthracite	disparue	94-96	3	2-3
Graphite	disparue	100		

Doc. 1. Composition du bois et de roches carbonées de la famille des charbons.

II Le pétrole : résultat de la transformation de la biomasse

■ Les **pétroles** (du grec *petrelaion* = huile de pierre) sont des **hydrocarbures** constitués d'atomes de carbone et d'hydrogène et de formule chimique C_nH_{2n+2}.

■ Le pétrole, roche liquide carbonée, résulte de l'accumulation de matière organique végétale ayant subi de longues transformations chimiques échelonnées sur des millions d'années. C'est un combustible liquide fossile, formé de restes de microorganismes marins (plancton) qui se sont déposés il y a des millions d'années dans des fonds marins. C'est le combustible fossile le plus utilisé.

Le pétrole est le résultat de la transformation de la biomasse en deux étapes.

1 La formation du kérogène

■ Dans tous les milieux anaérobies (sans dioxygène) ou pauvres en dioxygène (lacs, deltas, lagunes), les bactéries présentes étant moins nombreuses, la quantité de matière organique décomposée est moins importante. Une fraction de la matière organique se dépose, se mélange avec les sédiments (sable, sel ou argile) puis subit l'action des décomposeurs et devient le **kérogène**.

■ La roche contenant le kérogène est appelé la **roche mère**. Dans les sédiments argileux, la proportion de kérogène est faible. Les hydrocarbures seront extraits de la roche mère puis concentrés et stockés.

2 La transformation du kérogène en combustible fossile

■ Le kérogène subit ensuite une première transformation, une oxydation par les bactéries anaérobies. C'est la **diagenèse précoce**.

Au fur et à mesure de l'enfouissement, la pression et la température augmentent. Il se déroule alors une deuxième transformation, au cours de laquelle se déroule une réduction (perte d'azote et d'oxygène, C et H sont conservés), c'est la **diagenèse thermique**.

■ Entre 1,5 et 4 km de profondeur, c'est la **catagenèse**, c'est-à-dire une plus forte réduction de la matière carbonée qui subit un craquage thermique conduisant à une séparation en deux phases :
• une phase liquide constituée d'huile et de gaz mobiles ;
• une phase solide constituée de résidus carbonés.

■ Au-delà de 4 kilomètres de profondeur, c'est la **métagenèse** ; du méthane est libéré.

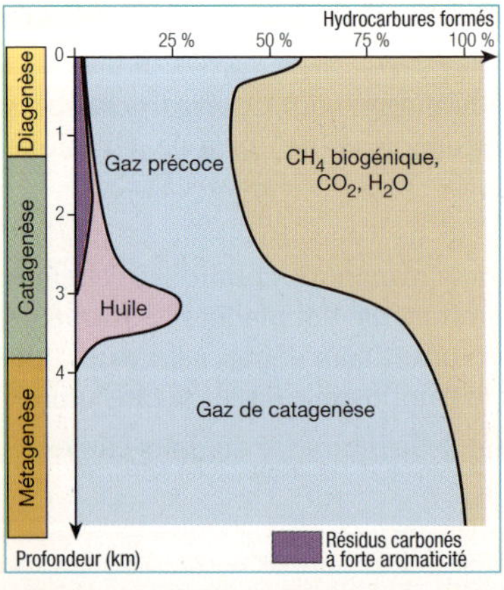

Le document 3 ci-contre montre un diagramme présentant la genèse des hydrocarbures en fonction de la profondeur (en supposant un gradient géothermique moyen).

Doc. 3. Genèse des hydrocarbures en fonction de la profondeur.

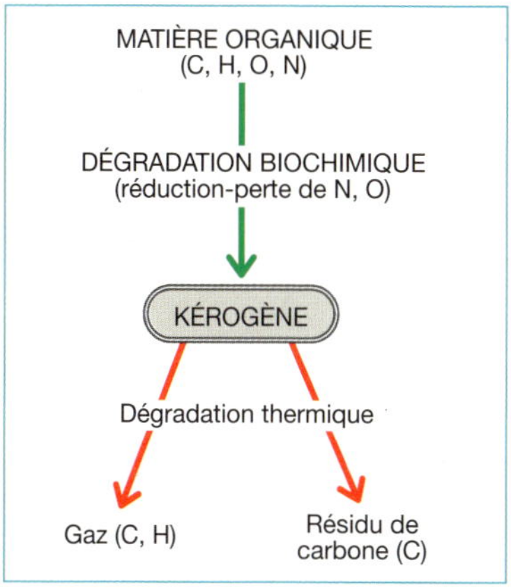

Doc. 4. De la matière organique au pétrole : évolution des constituants chimiques.

■ C'est par subsidence que se fait l'enfouissement de la roche mère. L'augmentation de la température dépend de la profondeur et de l'intensité du gradient géothermique. C'est pourquoi la **fenêtre à huile** est comprise entre des températures de 65,5 °C et 150 °C. Avec un flux géothermique de 30 °C/km la fenêtre à huile est située entre 1,5 et 4 km de profondeur (doc. 3).

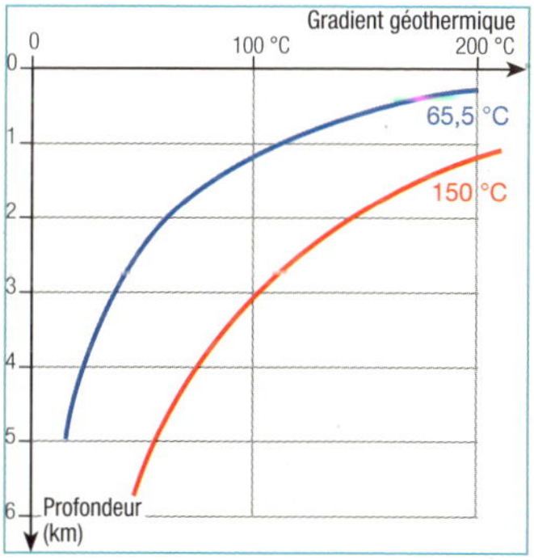

Doc. 5. Évolution du gradient géothermique en fonction de la profondeur.

■ Sous l'effet d'une augmentation lente et progressive de la température et de la pression, liées à l'enfouissement, le kérogène se transforme en combustible fossile (ex : le pétrole). Au fur et à mesure que la matière organique s'enfonce, elle s'enrichit en carbone par pyrolyse. La pyrolyse est la décomposition de la matière organique en de nouveaux produits sous l'effet de la chaleur. C'est à une température de 80 °C, et à une profondeur comprise entre 2 000 et 3 500 m que se forme le pétrole.

III Les conditions déterminant la répartition des gisements de pétrole

1 Des circonstances géologiques particulières

Les ressources en pétrole sont inégalement réparties à l'échelle du globe. Le document ci-dessous nous montre les différences d'une région à une autre.

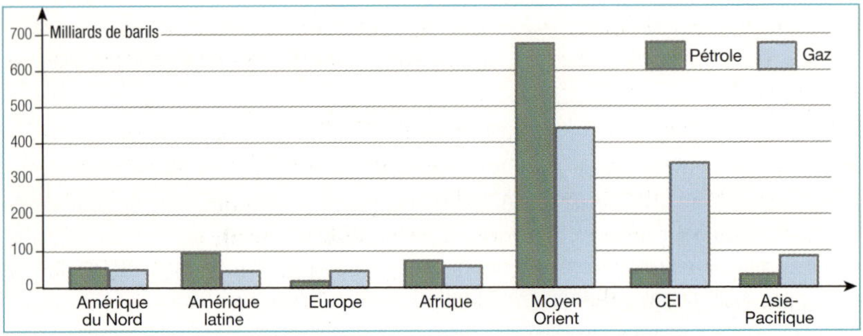

Doc. 6. Ressources en pétrole et en gaz à la surface du globe.

■ On remarque que les gisements importants de pétrole sont très localisés : l'essentiel des réserves se trouve au Moyen-Orient, dans les environs du Golfe persique, et c'est en Europe qu'elles sont les plus faibles. On trouve aussi d'autres gisements importants sous la mer, mais ceux-ci sont plus éparpillés.

Cette répartition est due à des circonstances géologiques particulières qui ont permis la transformation de la matière organique en pétrole.

■ Ces circonstances géologiques sont :

– La présence d'un bassin en bord de mer où vont se déposer des sédiments.

– L'existence de mouvements tectoniques qui vont affecter le bassin.

– La subsidence du bassin, c'est-à-dire l'enfoncement progressif du fond du bassin sédimentaire pendant une assez longue période et cela, de manière régulière et saccadée.

– Le dépôt d'une couche sédimentaire imperméable (argile) sur la roche mère.

– L'augmentation de la pression et de la température en profondeur.

2 Le déroulement des séquences ayant conduit à la formation du pétrole

■ Des mouvements tectoniques ont provoqué la formation de failles et un enfoncement de la roche mère. Les failles provoquent la formation de blocs basculés qui créent des fosses marines assez profondes.

■ Une couche sédimentaire imperméable (argile) s'est déposée sur la **roche mère**. Sous le poids des sédiments et par le jeu des failles, le bassin s'enfonce par **subsidence** ; ainsi peut se faire l'accumulation de sédiments sur de fortes épaisseurs.

■ L'accumulation de fortes épaisseurs de sédiments dans le bassin entretient sa subsidence qui s'accentue. Le document 7 ci-après montre les étapes de ce processus :

1. À la suite de mouvements tectoniques il y a 180 millions d'années, la roche mère (grès) est affectée par des failles, il se forme des blocs basculés, la roche mère fracturée commence à s'enfoncer.
2. Dépôt d'une couche sédimentaire imperméable (argile).
3. Vers 3 km de profondeur, expulsion d'hydrocarbures de la roche mère il y a 130 millions d'années.
4. Les hydrocarbures expulsés sont bloqués par la couche d'argile.
5. Migration du pétrole vers d'autres réservoirs ou vers la surface, sous l'effet de la pression.
6. Parfois arrêt de la migration par une couche imperméable ayant la forme d'un dôme.
7. Concentration des hydrocarbures en haut du dôme.

➲ Il y a en profondeur une compétition entre les écoulements de pétrole et d'eau. Le pétrole, plus léger que l'eau, surnage.

■ On appelle **roche mère** la roche à partir de laquelle se forment les premières gouttelettes d'hydrocarbure, en milieu anoxique (sans oxygène), par décomposition de la matière organique contenue dans les sédiments marins. On appelle **roche magasin** la roche où sont piégées et concentrées les gouttelettes d'hydrocarbures après leur migration.

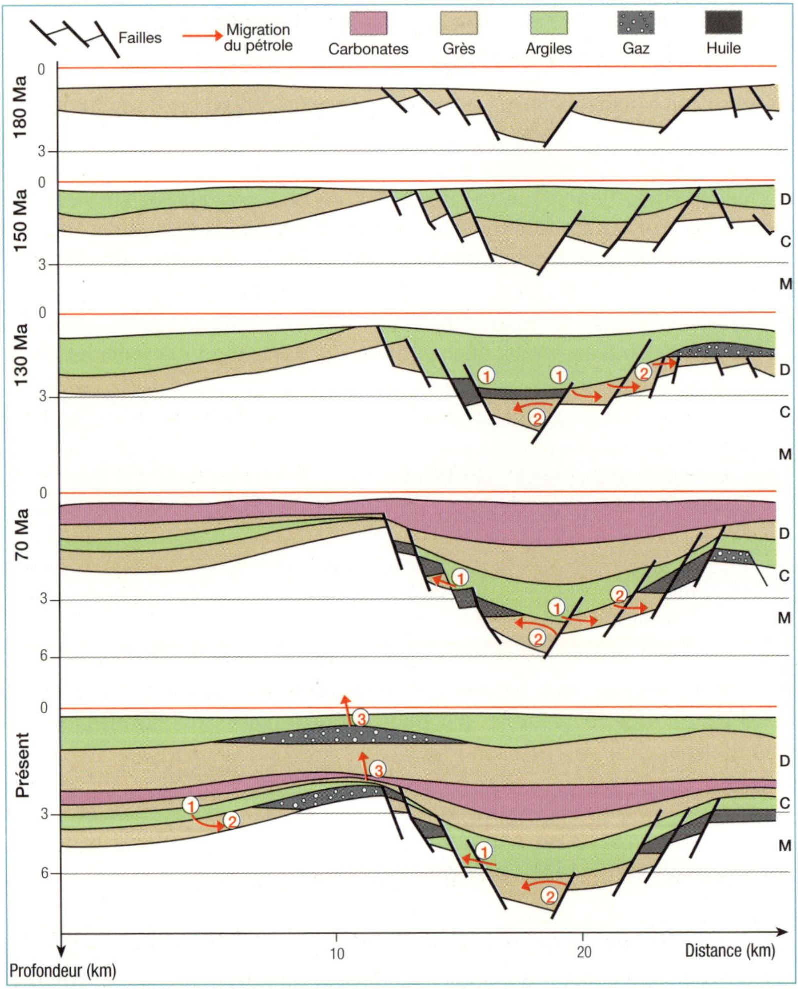

Doc. 7. Étapes de formation de gisements pétroliers. **D :** Diagenèse, formation du kérogène ; **C** : Catagenèse, formation du pétrole ; **M** : Métagenèse, formation du gaz. **1 :** Dépôt d'argile, couche sédimentaire imperméable ; **2 :** Hydrocarbures expulsés de la roche mère puis bloqués par la couche d'argile ; **3 :** Migration du pétrole vers d'autres réservoirs (roches magasins) ou vers la surface (migration secondaire).

IV Découvertes et exploitations des gisements, les implications économiques et environnementales

1 Découverte des gisements

■ Pour trouver le pétrole, on recherche des **bassins sédimentaires** où ont pu se former du gaz et du pétrole qui ont ensuite migré de la roche mère vers des roches poreuses, capables d'en stocker de grandes quantités.

Les étapes pour la recherche des gisements sont :
• Recherche d'un bassin assez profond pour qu'il ait pu y avoir une forte sédimentation de matière organique puis une migration des hydrocarbures vers la surface.
• Recherche de roches mères dans une région et reconstitution de l'histoire de la région.
• Recherche des conditions de pression et de température favorables à la maturation de la matière organique si une roche mère est présente.

■ Les pétroliers recherchent certains microfossiles qui témoignent de l'existence de **roches mères**. Ces microfossiles constituent de très bons marqueurs de l'environnement et ils permettent de savoir s'il a régné des conditions favorables à la formation de pétrole.

Ils recherchent aussi la présence de **blocs basculés**. En effet, leur présence est la signature de fosses marines assez profondes et isolées, créant des conditions favorables à une maturation de matière organique.

Ils doivent aussi rechercher la présence de **roches magasins** non loin de la roche mère, au-dessus ou sur les côtés. La roche magasin doit être perméable aux hydrocarbures et poreuse.

Pour qu'un champ pétrolifère soit exploitable, il faut que le pétrole soit piégé au cours de sa migration par une formation géologique adéquate.

2 Technique d'exploitation des gisements de pétrole

■ **Les ressources** sont les quantités qui peuvent être techniquement extraites. Dans le secteur énergétique, si l'extraction d'un combustible fossile coûte plus d'énergie qu'elle n'en produit, le combustible ne peut pas être considéré comme une ressource.

■ **Les réserves** sont estimées à partir de résultats obtenus à l'aide de différentes techniques d'exploration. On peut explorer le sous-sol par des forages et ainsi délimiter les dimensions et la configuration d'un gisement. C'est l'estimation la plus fiable.

L'évolution de la technologie permet d'effectuer des extractions de manière naturelle mais aussi assistée, ce qui rend exploitables des gisements qui ne l'étaient pas autrefois.

■ **Gisements terrestres**

Afin d'avoir la certitude de la présence de pétrole, on fore un puits d'exploration. On délimitera ensuite le gisement en creusant d'autres puits.

Pour forer des puits on utilise un trépan placé à l'extrémité d'un train de tige de forage supporté par un derrick, tour de métal. Le trépan subit une rotation et sa vitesse dépend de la nature des roches traversées. En permanence, on injecte à l'intérieur des tiges, de la « boue de forage » (mélange de produits chimiques, d'eau et d'argile) pour refroidir le trépan et faire remonter les débris de forage. Lorsque la boue parvient en surface, on la filtre et on la réinjecte dans les puits. On peut, par l'analyse des débris remontés, déterminer la nature des roches traversées. On peut maintenant réaliser des forages de petits diamètres, ce qui autrefois était techniquement impossible.

■ **Gisements en mer ou offshore**

On utilise pour de tels gisements des plates-formes de pompage autonomes. Lorsqu'il s'agit de gisements de faibles capacités, on utilise des navires ayant un équipement technologique spécifique et adapté aux contraintes du milieu où se trouve le gisement.

3 Récupération du pétrole

■ Lorsque la pression au sein du gisement est suffisante, le pétrole jaillit de manière tout à fait naturelle, comme dans le cas d'un puits artésien. C'est la **récupération naturelle**. Mais lorsqu'un tiers du pétrole a déjà été extrait, il est parfois nécessaire d'avoir recours à des pompes ; la récupération est alors dite assistée. Si la pression au sein du gisement est insuffisante, il est alors nécessaire d'injecter des fluides (eau, gaz du gisement ou gaz de pétrole liquéfié) pour provoquer la remontée du pétrole. Il s'agit ici encore d'une **récupération assistée**.

■ D'autres gisements sont plus difficilement exploitables et requièrent des techniques utilisant davantage d'énergie. Ce sont les méthodes thermiques, où le pétrole est fluidifié par chauffage, ou l'entraînement par fluides miscibles (gaz carbonique ou gaz de pétrole liquéfié).

Pour faire fluidifier le pétrole, on injecte de la vapeur ou bien on procède à une combustion souterraine. Lorsque les roches magasins ont des pores qui retiennent trop le pétrole, on utilise des méthodes chimiques (polymères ou micro-émulsions d'alcools, d'eau, d'huile...) pour diminuer la capillarité qui tend à retenir le pétrole dans la roche magasin.

4 Impact sur l'environnement

■ L'utilisation du pétrole comme carburant a pour conséquence l'émission de dioxyde de carbone et de dioxyde de soufre dans l'atmosphère. On peut cependant réduire cette **pollution** par la désulfuration des carburants et des suies.

Il faut noter que le pétrole est plus polluant que le gaz naturel mais bien moins que le charbon. Le pétrole constitue une menace pour les écosystèmes et la biodiversité. Les fuites de pétrole ou marées noires, les dégazages ou la libération d'huiles usagées en milieu marin ont des effets dévastateurs sur la faune et la flore marines.

Doc. 8. Marée noire dévastatrice au Liban.

■ Le pétrole sous certaines formes peut s'avérer être un **facteur cancérigène** pour les êtres vivants.

5 Géopolitique du pétrole

Le pétrole constitue une matière première **hautement stratégique**, devenue essentielle et indispensable à la vie économique mondiale. Il est un facteur déterminant dans les choix et le comportement des pays les plus puissants. On a vu au cours de cette étude que les **gisements de pétrole sont limités** et que leur situation géographique ne coïncide pas avec celle des pays grands consommateurs, dotés de grandes puissances militaires. C'est la raison pour laquelle l'exploitation des ressources pétrolifères est source de tension et d'affrontements internationaux au cours de ces dernières décennies.

En effet, il reste encore environ **40 ans** de réserves extractibles de pétrole dans les mêmes conditions économiques et techniques qu'actuellement.

SCHÉMA BILAN

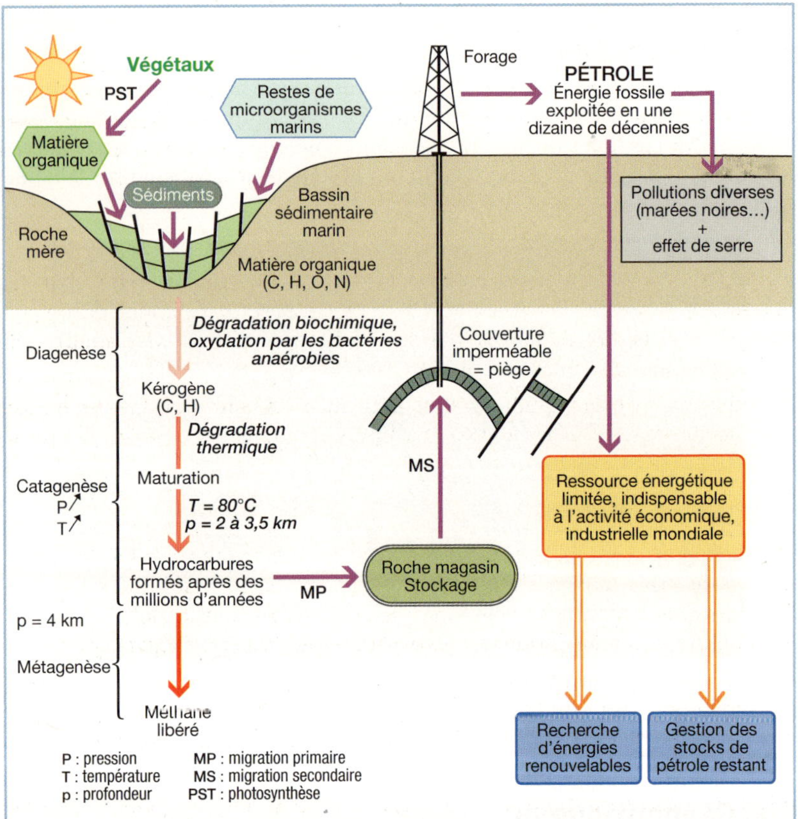

Doc. 9. De la formation du pétrole pendant des millions d'années à son exploitation rapide par l'homme.

Le pétrole se forme dans des bassins sédimentaires au bout de millions d'années puis migre dans une roche magasin où il sera stocké. Le pétrole migre ensuite secondairement puis est piégé par une couche imperméable. Il sera extrait par forage. Comme le pétrole s'est formé il y a des millions d'années, il constitue une ressource énergétique fossile, limitée et indispensable pour l'activité économique mondiale.

La prospection du pétrole requiert des connaissances en géographie, en géologie et en géophysique. Elle peut être réalisée par des techniques de repérage modernes (études sismiques tridimensionnelles, études géophysiques).

Études sismiques

■ La prospection du pétrole ou la recherche de gisement de pétrole s'effectue le plus souvent par une **étude sismique** permettant de déduire la nature des roches composant le sous-sol. On peut ainsi détecter la présence éventuelle de pétrole. Le forage permet de confirmer ou non la présence de pétrole.

Avec l'analyse des échos des ondes sismiques, on peut visualiser les structures géologiques en profondeur.

■ La sismique réfraction repose sur la propagation des ondes le long des interfaces entre les niveaux géologiques. C'est avec cette technique que le plus important gisement de pétrole d'Afrique (gisement d'Hassi-Messaoud) a été découvert à une profondeur moyenne de 3 300 m.

En utilisant des ordinateurs à grande puissance, on peut produire des images en trois dimensions et ainsi améliorer à grande échelle l'évaluation des résultats des essais sismiques.

Études géophysiques

■ Après avoir choisi une zone intéressante susceptible de contenir du pétrole (pièges de faille, dômes de sel, anticlinaux), on effectue de nombreux levés géophysiques et des mesures pour obtenir davantage de précisions sur la localisation des formations souterraines. Parmi ces levés géophysiques figurent :

• **Les levés magnétométriques.** Des magnétomètres suspendus à des avions mesurent les variations du champ magnétique terrestre.
On peut ainsi repérer les formations de roches sédimentaires dont le magnétisme est la plupart du temps inférieur à celui d'autres roches.

• **Les levés radiographiques.** En utilisant les ondes radio, on peut obtenir des informations identiques à celles fournies par les levés sismiques.

• **Les levés gravimétriques.** Sachant que la présence d'énormes masses de roche dense augmente la force de la pesanteur, par l'utilisation des gravimètres, on peut mesurer les variations de la pesanteur. Ces variations sont infimes mais elles permettent d'obtenir des données sur les formations sous-jacentes.

• **Les levés photogrammétriques aériens.** On peut photographier la Terre avec des appareils spéciaux et ainsi obtenir des vues en trois dimensions.

Lorsque par les levés et les mesures, on a pu recueillir des informations sur la présence de formations ou de strates susceptibles de contenir du pétrole, on peut procéder au forage, ce qui permet de confirmer ou non la présence de pétrole.

Vérifier ses connaissances

Dans les exercices 1 à 4, relevez les affirmations exactes et corrigez celles qui sont inexactes.

1 Les restes organiques :

a. ne sont pas présents dans les combustibles fossiles.

b. sont présents dans quelques combustibles fossiles.

c. ne sont pas issus d'une biomasse.

d. sont issus d'une biomasse.

▸ corrigé p. 119

2 Le combustible fossile :

a. est le résultat de la transformation du kérogène sous l'effet d'une augmentation lente de la température.

b. est le résultat de la transformation du kérogène sous l'effet d'une augmentation lente de la pression.

c. est le résultat de la transformation du kérogène sous l'effet d'une augmentation lente de la température ou de la pression.

d. n'est pas le résultat de la transformation du kérogène sous l'effet d'une augmentation lente de la température ou de la pression.

▸ corrigé p. 119

3 La roche mère :

a. est la roche à partir de laquelle se forment les premières gouttelettes d'huile.

b. n'est pas la roche à partir de laquelle se forment les premières gouttelettes d'eau.

c. est la roche à partir de laquelle se forment les premières gouttelettes d'hydrocarbure.

d. est la roche à partir de laquelle se forment les premières gouttelettes d'eau.

▸ corrigé p. 119

4 Le pétrole :

a. constitue une matière première secondaire en matière d'énergie non renouvelable.

b. constitue une matière première hautement stratégique en matière d'énergie non renouvelable.

c. constitue une matière première non essentielle dans la vie économique mondiale.

d. constitue une matière première indispensable dans la vie économique mondiale.

▸ corrigé p. 119

S'entraîner

5 Pourquoi n'y a-t-il pas de pétrole dans les Alpes ?

Au cours de la formation de la chaîne alpine les roches mères ont été portées à des températures de plus de 200 °C. Les traces de ces fortes températures ont été conservées dans les terres noires et les fontaines ardentes (quelques sources naturelles de méthane sortant de terre).

Le pétrole se transforme en gaz qui s'échappe lorsque la température dépasse la limite supérieure de la fenêtre à huile.

On retrouve dans le kérogène des débris organiques et des fossiles de taille microscopique ou microfossiles. Ces microfossiles sont recherchés et constituent des témoins de l'existence de roches mères.

1. Expliquez pourquoi il n'y a pas de pétrole dans les Alpes.
2. Indiquez ce qui se passe lorsque la température dépasse la limite supérieure de la fenêtre à huile.
3. Précisez ce que contient le kérogène.
4. Précisez l'utilité des microfossiles.

▸ corrigé p. 119

Problème

6 On peut retrouver l'origine d'un produit organique combustible dans les stades précoces de diagenèse et de catagenèse en étudiant l'évolution du rapport de différents marqueurs.

On utilise dans le diagramme ci-dessous deux marqueurs : le rapport atomique H/C et le rapport atomique O/C.

On rappelle que le terme lacustre désigne l'eau douce.

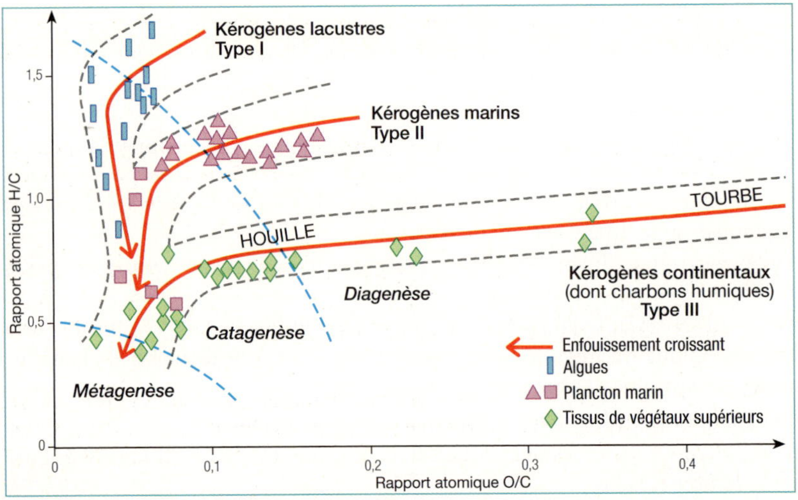

Doc 10.

1. Indiquez les trois grands types de kérogènes figurant sur ce graphique.
2. Précisez ce qu'ils deviennent après la maturation.
3. Comparez les rapports atomiques pour les trois kérogènes.

▸ corrigé p. 119

1 a. **Faux.** Ils sont présents dans les combustibles fossiles. b. **Faux.** Ils sont présents dans tous les combustibles fossiles. c. **Faux.** Ils sont issus d'une biomasse puisqu'ils sont formés à partir de débris végétaux. d. **Vrai.**

2 a. **Vrai.** b. **Vrai.** c. **Faux.** C'est le résultat de la transformation du kérogène sous l'effet d'une augmentation lente de la température et de la pression. d. **Vrai.**

3 a. **Faux.** C'est la roche à partir de laquelle se forment les premières gouttelettes d'hydrocarbure. b. **Vrai.** c. **Vrai.** d. **Faux.** C'est la roche à partir de laquelle se forment les premières gouttelettes d'hydrocarbure.

4 a. **Faux.** C'est une matière première hautement stratégique. b. **Vrai.** c. **Faux.** C'est une matière essentielle et indispensable dans la vie économique mondiale. d. **Vrai.**

5 1. Il n'y a pas de pétrole dans les Alpes car au cours de la formation de la chaîne de montagnes, les roches mères ont été portées à une température de plus de 200 °C.

2. Le pétrole se transforme en gaz qui s'échappe.

3. Il contient des débris organiques et des fossiles de taille microscopique ou microfossiles.

4. Ils sont le témoin de l'existence des roches mères.

6 1. Ce sont les kérogènes lacustres, marins et continentaux.

2. On distingue trois grands types de kérogènes avant la maturation, mais après la maturation, on ne peut plus faire aucune distinction.

3. Les kérogènes lacustres contenant des algues sont pauvres en oxygène et riches en hydrogène. Les kérogènes d'origine planctonique marine contiennent davantage d'oxygène. Les kérogènes continentaux issus de la décomposition de tissus végétaux supérieurs sont pauvres en hydrogène et riches en oxygène.

10 Utilisation des combustibles fossiles et cycle du carbone

I L'utilisation des combustibles fossiles et ses conséquences

■ **Enrichissement de l'atmosphère en dioxyde de carbone par combustion de roches carbonées**

■ L'utilisation des différentes sources d'énergie fossile génère l'émission de gaz à effet de serre (ex. : CO_2). Lorsque le pétrole est utilisé comme carburant, du dioxyde de carbone est rejeté dans l'atmosphère. La combustion du charbon produit beaucoup de dioxyde de carbone, davantage que celle du gaz naturel et du pétrole.

■ Depuis deux siècles, suite à l'apparition de l'industrie et en raison de son développement qui n'a cessé de s'accentuer, l'homme a effectué une combustion massive de roches carbonées (pétrole, charbon, gaz) rejetant une grande quantité de dioxyde de carbone dans l'atmosphère.

Le dioxyde de carbone étant un gaz à effet de serre, l'effet de serre s'accentue et la planète se réchauffe.

■ Dans les années 1980, on a réussi à mettre au point la mesure du CO_2 dans les bulles d'air emprisonnées dans des carottes de glace. On a ainsi pu réaliser des mesures de l'évolution de la concentration de dioxyde de carbone atmosphérique de 1750 à 2000. Les résultats sont présentés sur le graphique du document 1.

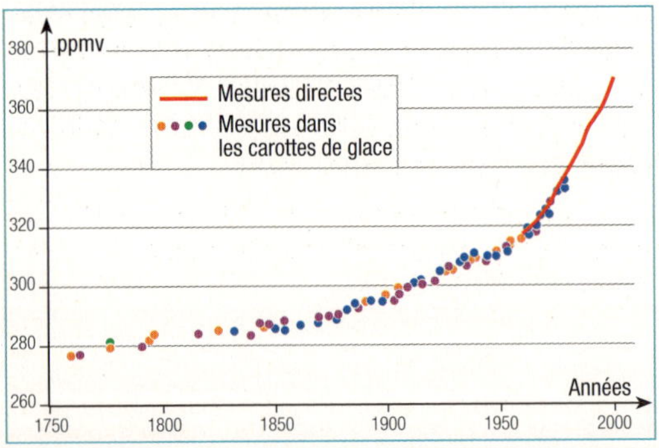

Doc. 1. Évolution de la concentration en dioxyde de carbone atmosphérique de 1750 à 2000 (PPMV= partie par million en volume).

■ On remarque que de **1750 à 1950,** la concentration en dioxyde de carbone augmente régulièrement. Cela s'explique par le développement de l'industrie utilisant la combustion des roches carbonées, ce qui a pour conséquence le rejet de dioxyde de carbone dans l'atmosphère.

De **1950 à 2000,** la concentration en dioxyde de carbone de l'atmosphère augmente selon une croissance exponentielle car l'utilisation industrielle des combustibles fossiles s'est accentuée. On a évalué l'évolution du flux de carbone vers l'atmosphère de 1750 à 2000. Les résultats obtenus sont présentés dans le graphique du document 2.

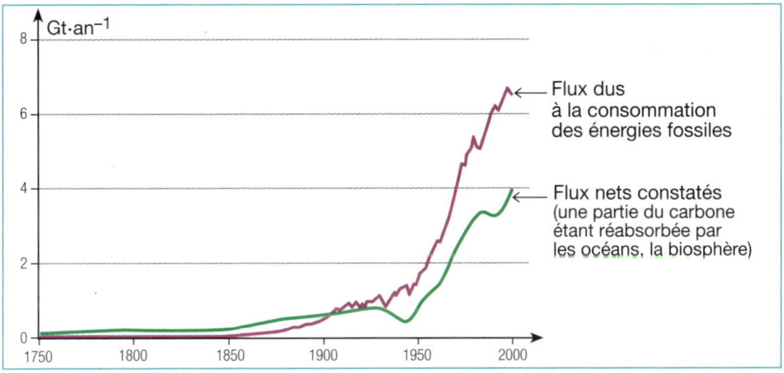

Doc. 2. Évolution du flux de carbone vers l'atmosphère de 1750 à 2000.

On remarque que le flux dû à la consommation des énergies fossiles est resté très faible jusqu'à 1850, puis il commence à augmenter faiblement vers 1870. À partir de 1950, ère industrielle, ce flux subit une croissance exponentielle, cela vient confirmer ce qui a été dit pour le graphique précédent à la même période.

On a pu estimer la quantité de carbone produite par les activités humaines dans l'atmosphère :

■ Pour la période **2000-2005**, 10 $Gt{\cdot}an^{-1}$ de carbone ont été émises, selon l'Académie nationale des sciences des États-Unis, ce qui correspond à 37 % de plus par rapport à 1990. Sur cette quantité de carbone émise dans l'atmosphère, environ la moitié est absorbée par la biosphère, suite à une augmentation de l'activité photosynthétique, et par les océans par dissolution.

■ Ainsi, la quantité de carbone a augmenté d'environ 3,3 $Gt{\cdot}an^{-1}$ dans l'atmosphère au cours de la période 1990-1999. Le tableau récapitulatif ci-après présente l'ensemble de ces résultats.

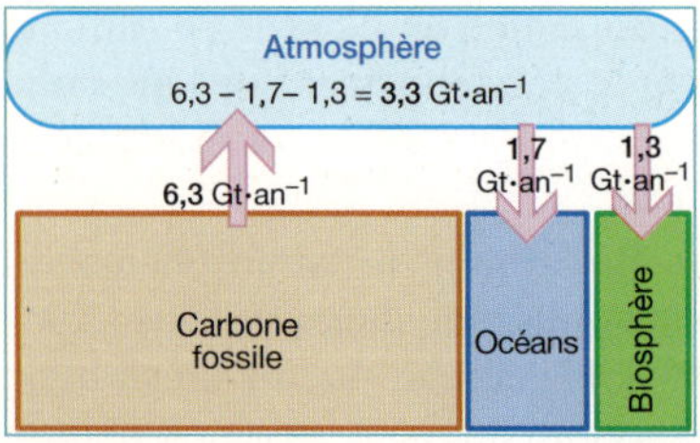

Doc. 3. Tableau récapitulatif des flux de carbone entre atmosphère, biosphère continentale, hydrosphère et lithosphère (carbone fossile).

■ Du dioxyde de carbone prélevé très lentement et piégé dans les roches carbonées il y a des millions d'années est restitué rapidement à l'atmosphère au moment de la combustion des roches fossiles. C'est la raison pour laquelle brûler un combustible fossile revient à utiliser l'énergie solaire fossilisée et stockée dans la roche carbonée.

II L'augmentation de la concentration du dioxyde de carbone dans l'atmosphère et le cycle naturel du carbone

Sur une planète, l'ensemble des échanges de l'élément chimique carbone s'inscrit dans un cycle appelé cycle du carbone. Le cycle du carbone désigne l'ensemble des transformations cycliques et de transport d'un composé chimique entre les grands réservoirs de la biosphère et de la géosphère (lithosphère, hydrosphère, atmosphère). C'est un **cycle biogéochimique.**

■ **Flux de stockage de CO_2**

Aussitôt que nous brûlons des combustibles fossiles, nous produisons du dioxyde de carbone. Celui-ci est absorbé par les plantes et le plancton végétal (phytoplancton) qui l'utilisent pour fabriquer de la matière organique au cours de la photosynthèse. La matière organique sera ensuite consommée par des animaux et, à leur mort, s'incorporera dans des sédiments continentaux ou marins après la décomposition de leurs corps.

Lors des feux de forêt, une réserve de CO_2 constituée en quelques dizaines d'années ou plusieurs siècles, est libérée en quelques heures ou quelques jours. Alors que dans les océans le temps de stockage du CO_2 peut dépasser plusieurs siècles, il est relativement court dans le sol et la végétation.

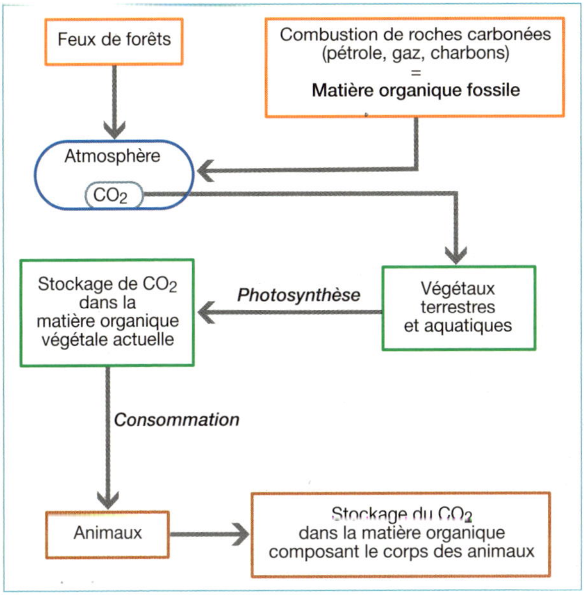

Doc. 4. Flux de stockage de CO_2.

Rôle du réservoir atmosphérique

Le réservoir atmosphérique intègre tous les flux hétérogènes de CO_2 à l'issue du déplacement des masses d'air. C'est ainsi que la concentration en CO_2 augmente dans l'atmosphère.

L'augmentation du CO_2 dans l'atmosphère est d'origine anthropique ; cette augmentation est compensée partiellement par des réservoirs naturels (océan et biosphère continentale) qui réabsorbent près de la moitié des rejets anthropiques. Le CO_2 intervient aussi dans la biomasse puisque toutes les molécules organiques constituant la biomasse sont faites de carbone.

Pour stabiliser la quantité de CO_2 atmosphérique, il sera indispensable de diminuer les rejets anthropiques.

Conséquences des perturbations du cycle du carbone

L'augmentation de la quantité de CO_2 dans l'atmosphère augmente l'effet de serre, donc la température, et influe sur le climat.

Nous constatons déjà des changements climatiques : grosses tempêtes jamais vues par le passé, raz de marée, périodes de grande sécheresse déclenchant des incendies étendus, hivers plus froids que la normale, inondations de grande ampleur, etc.

➲ Selon certaines prévisions actuelles, le réchauffement planétaire se poursuivrait au cours du XXIe siècle mais son amplitude est encore débattue : selon les hypothèses retenues et les modèles employés, les prévisions pour les 50 années à venir iraient de 1,8 à 3,4 °C.

Au-delà des conséquences directes, physiques et climatiques, du réchauffement planétaire, celui-ci influera sur les écosystèmes, en particulier en modifiant la biodiversité.

Dans les océans, le CO_2 provoque une acidification des eaux de surface, ce qui modifie la géochimie océanique. En effet, un pH acide provoquerait le ralentissement du cycle de la matière organique, il en résulterait un dysfonctionnement des écosystèmes acidifiés. De plus, les eaux acides sont toxiques pour certains organismes ce qui entraîne la disparition de certaines espèces. L'acidification des eaux de surface a donc pour conséquence une perte de la biodiversité.

Le CO_2, gaz à effet de serre, est généré par la combustion des combustibles fossiles. L'un des enjeux planétaires va consister à développer l'utilisation des énergies renouvelables afin de préserver la planète, en limitant la pollution de la basse atmosphère, c'est-à-dire là où nous vivons. En réduisant ainsi l'effet de serre, on parviendra à limiter partiellement l'augmentation de la température de la planète.

En utilisant actuellement les combustibles fossiles de manière à réduire au minimum les quantités consommées et les déchets, on pratique l'**écoefficacité** qui constitue elle aussi un enjeu planétaire.

SCHÉMA BILAN

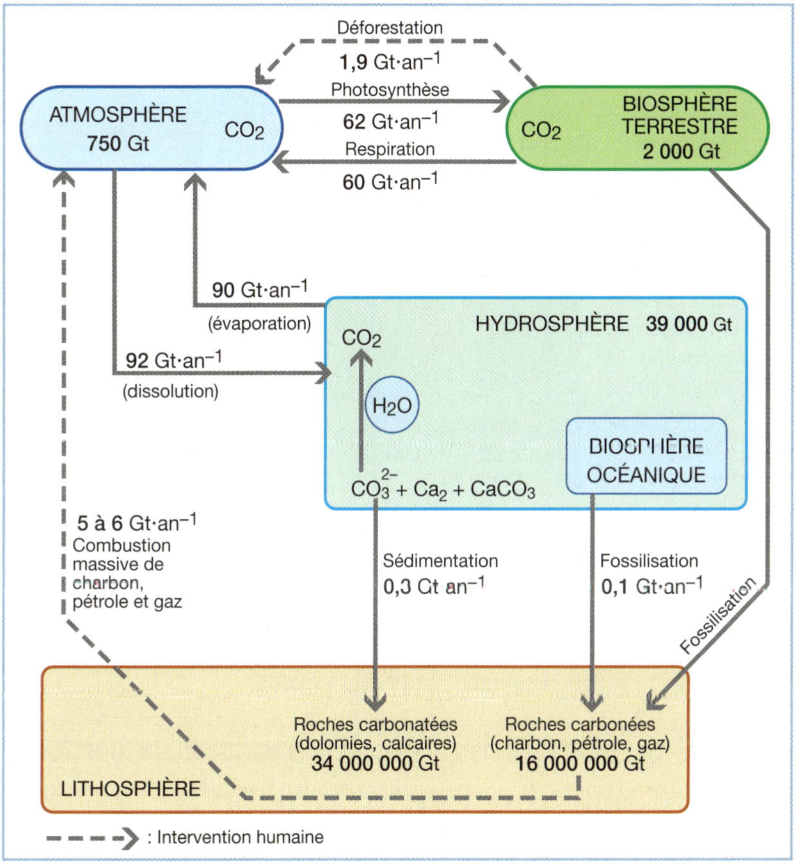

Doc. 5. Modification du cycle du carbone par l'utilisation des combustibles fossiles. Dans ce cycle, le carbone passe de l'état organique à l'état minéral. Il y a une interaction entre les différentes enveloppes mais c'est la biosphère qui exerce une régulation par les deux processus de photosynthèse et respiration. Par sa stabilité, elle assure la pérennité des écosystèmes.

Conséquences de l'utilisation des combustibles fossiles

■ L'utilisation de combustibles fossiles par l'homme a eu pour conséquence une forte augmentation du taux de CO_2 dans l'atmosphère. Il est donc devenu indispensable de développer un réseau mondial de surveillance du CO_2.

■ En 2006, d'après le Bulletin sur les gaz à effet de serre publié le 23 novembre par l'Organisation météorologique mondiale (OMM), la teneur moyenne en dioxyde de carbone (CO_2) de l'atmosphère terrestre a atteint les plus hauts niveaux jamais enregistrés. En effet, les valeurs atteignaient 381,2 parties par million (ppm), soit 0,53 % de plus que la valeur de 379,2 ppm enregistrée en 2005.

Ces chiffres reposent sur les observations effectuées par le Réseau mondial de surveillance du dioxyde de carbone et du méthane.

Le document ci-contre montre la concentration en CO_2 dans l'atmosphère planétaire au 1er février 2005.

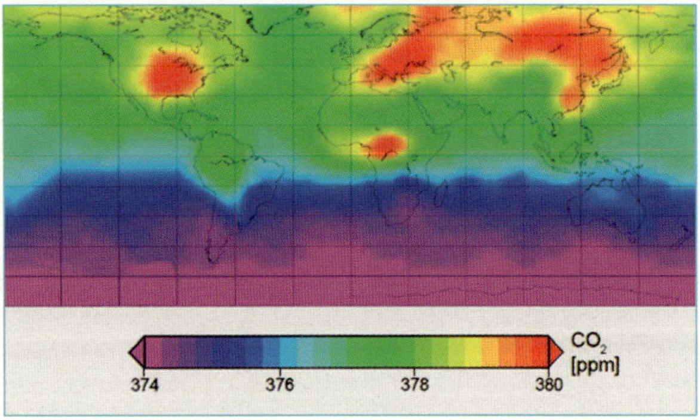

Doc. 6. Concentrations de CO_2 dans l'atmosphère de la planète au 1er février 2005.

Un outil de modélisation du cycle mondial du carbone

■ Dès la fin des années 90, pour effectuer un bilan régional de plus en plus fin du CO_2, on a utilisé la télédétection du CO_2 par satellite, calibrée par un réseau au sol et aéroporté. On a ainsi pu recueillir des informations très importantes.

■ En 2007, la NOAA a lancé *Carbon Tracker*, un outil de modélisation du cycle mondial du carbone. En effet, des données d'observation sur les gaz à effet de serre ont été recueillies dans le monde entier à partir du sol. À l'échelle du globe, *Carbon Tracker* convertit ces données en meilleures valeurs estimées d'une part de la répartition de ces gaz dans l'atmosphère et d'autre part de l'échange net de dioxyde de carbone entre l'atmosphère et la surface du globe.

Vérifier ses connaissances

Dans les exercices 1 à 4, relevez les affirmations exactes et corrigez celles qui sont inexactes.

1 Brûler un combustible fossile :

a. revient à utiliser de l'énergie solaire actuelle.
b. revient à utiliser de l'énergie solaire fossilisée.
c. revient à utiliser de l'énergie non stockée dans la roche carbonée.
d. revient à utiliser de l'énergie stockée dans la roche carbonée. ▸ corrigé p. 131

2 Le cycle du carbone :

a. ne désigne pas l'ensemble des transformations non cycliques et de transport d'un composé chimique entre les grands réservoirs de la biosphère et de la géosphère.
b. désigne l'ensemble des transformations cycliques et de transport d'un composé chimique entre les grands réservoirs de la biosphère et de la géosphère.
c. ne désigne pas l'ensemble des transformations cycliques et de transport d'un composé non chimique entre les grands réservoirs de la biosphère et de la géosphère.
d. désigne l'ensemble des transformations cycliques et de transport d'un composé chimique entre les grands réservoirs de la géosphère. ▸ corrigé p. 131

3 Pour stabiliser la quantité de CO_2 atmosphérique,

a. il sera nécessaire de maintenir les rejets anthropiques.
b. il sera indispensable de diminuer les rejets anthropiques.
c. il ne sera pas nécessaire de maintenir les rejets anthropiques.
d. il sera indispensable de diminuer la combustion des combustibles fossiles.

▸ corrigé p. 131

4 L'un des enjeux planétaires

a. va consister à développer l'utilisation des énergies non renouvelables.
b. va consister à développer l'utilisation des énergies renouvelables.
c. va consister à ne pas développer l'utilisation des énergies non renouvelables.
d. va consister à réduire l'utilisation des énergies non renouvelables.

▸ corrigé p. 131

S'entraîner

5 Évolution du flux de CO_2 dans l'atmosphère

Pour rechercher l'origine du réchauffement actuel, on a étudié les variations du flux de CO_2 d'origine humaine, de la concentration de CO_2 dans l'atmosphère et du pH océanique en fonction du temps. Les différents graphiques ci-dessous montrent les résultats obtenus.

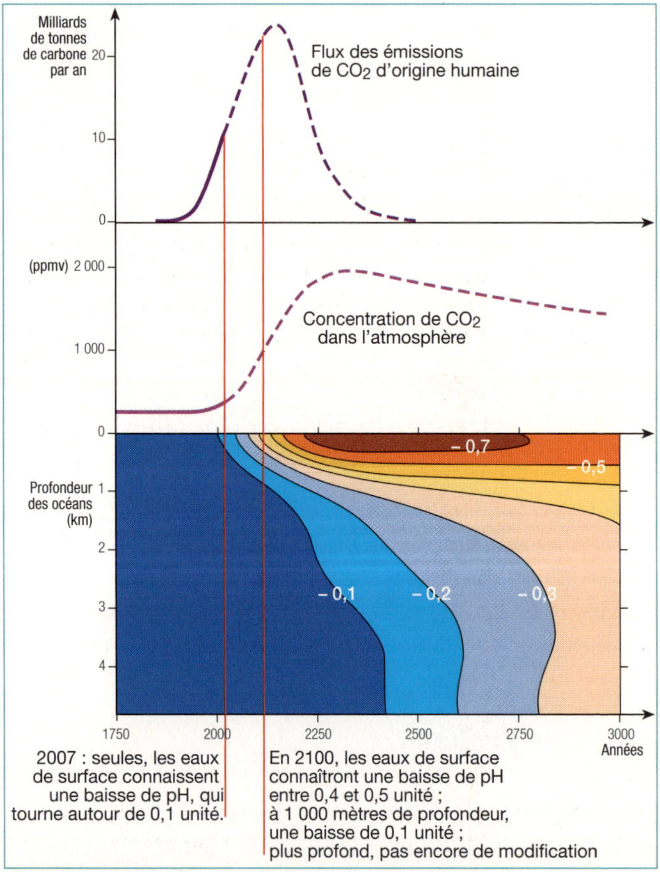

Doc. 7. Évolution du flux de CO_2 d'origine humaine, de la concentration de CO_2 dans l'atmosphère et du pH océanique.

Au-dessus des variations de pH sont représentés les flux des émissions de CO_2 d'origine humaine, ainsi que les concentrations atmosphériques en CO_2, en fonction d'un scénario moyen d'émissions du GIEC (IS92a). Le scénario est envisagé jusqu'en 2100. La suite des émissions correspond à une consommation identique des énergies fossiles jusqu'à l'épuisement de leurs réserves. L'évolution du pH des océans est estimée en fonction de ce scénario.

1. Précisez comment, aux environs de 2100, évoluent la variation du flux de CO_2 d'origine humaine, la concentration de CO_2 dans l'atmosphère, le pH océanique.

2. Indiquez ce qui explique ces variations.

3. Expliquez l'origine des deux principaux facteurs responsables du réchauffement actuel.

▸ corrigé p. 131

Problème

6 Partie 1

On a réalisé des mesures de la concentration en gaz carbonique dans des bulles d'air piégées dans des carottes de glace et aussi dans l'atmosphère. Par le passé, des périodes chaudes et des périodes glaciaires se sont succédé sur la Terre. La dernière période glaciaire s'est terminée il y a 12 000 ans. Des chercheurs ont pu en analysant les fluctuations du passé prévoir l'évolution du climat.

Le document ci-dessous montre l'évolution comparée de la concentration en gaz carbonique et de la température de l'atmosphère de – 400 000 ans à nos jours.

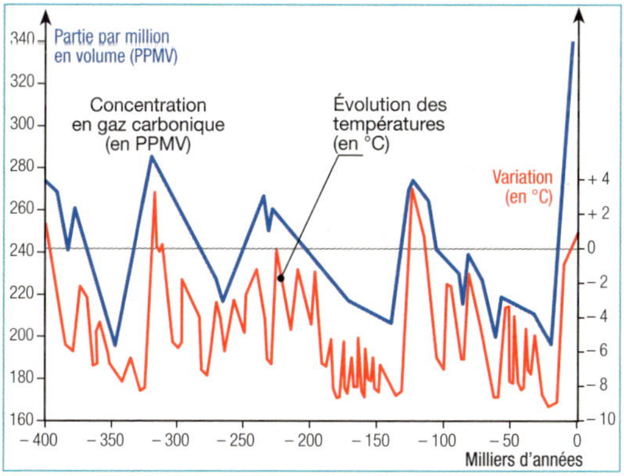

Doc. 8. Évolution comparée de la température et de la concentration en gaz carbonique de – 400 000 ans à nos jours.

1. Indiquez comment évolue la concentration en gaz carbonique de – 400 000 ans à nos jours.

2. Expliquez cette évolution à l'actuel.

3. Indiquez comment évolue la température de – 400 000 ans à nos jours.

4. Comparez l'évolution de la température à celle de la concentration en gaz carbonique.

Partie 2

Selon Yves Mathieu (Institut français du pétrole, Paris), les réserves extractibles dans les mêmes conditions économiques et techniques qu'actuellement seront encore disponibles pendant 200 ans pour le charbon, 65 ans pour le gaz et 40 ans pour le pétrole.

Le document ci-dessous montre l'évolution de la consommation totale d'énergie commerciale (c'est-à-dire hors bois), depuis 1860.

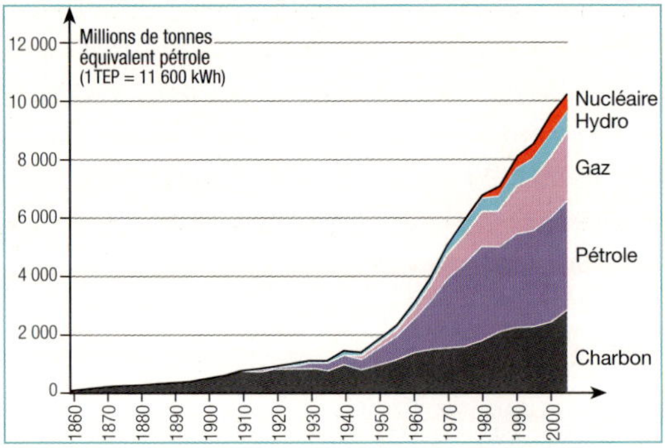

Doc. 9. Évolution constatée de la consommation totale d'énergie commerciale (c'est-à-dire hors bois), depuis 1860. En millions de tonnes équivalent pétrole (une tonne équivalent pétrole = 11 600 kWh).

5. Utilisez les informations saisies à partir de ce graphique pour montrer qu'il y a un urgent besoin de décrochage des énergies fossiles.

6. Justifiez les autres intérêts de ce décrochage.

▸ corrigé p. 132

1 a. **Faux.** Cela revient à utiliser de l'énergie solaire fossilisée.

b. **Vrai.**

c. **Faux.** Cela revient à utiliser de l'énergie solaire stockée dans la roche carbonée.

d. **Vrai.**

2 a. **Vrai.**

b. **Vrai.**

c. **Vrai.**

d. **Faux.** Ce cycle désigne l'ensemble des transformations cycliques et de transport d'un composé chimique entre les grands réservoirs de la biosphère et de la géosphère.

3 a. **Faux.** Il sera nécessaire de diminuer les rejets anthropiques.

b. **Vrai.**

c. **Vrai.**

d. **Vrai.**

4 a. **Faux.** Il va consister à développer l'utilisation des énergies renouvelables.

b. **Vrai.**

c. **Vrai.**

d. **Vrai.**

5 1. Aux environs de 2100, le flux de CO_2 d'origine humaine est important et tend vers le maximum, soit 23 à 24 milliards de tonnes de carbone par an, la concentration de CO_2 dans l'atmosphère dépasse 1 000 PPMV mais n'a pas encore atteint son maximum et les eaux de surface océanique connaissent une baisse de pH océanique comprise entre – 0,4 et – 0,5 unité.

2. C'est l'utilisation des combustibles par l'homme et ses conséquences qui expliquent ces variations.

3. Les deux principaux facteurs responsables du réchauffement actuel sont :

– la combustion des matières organiques qui dégage du CO_2 ;

– le déboisement qui diminue les possibilités de capture et de stockage du carbone.

6 **1.** De – 400 000 ans à nos jours, la concentration en gaz carbonique est très variable et comprise entre 180 et 285 PPMV. Aujourd'hui, l'augmentation de ce gaz est très importante et très rapide.

2. Une telle évolution à l'actuel s'explique par l'importante utilisation des combustibles fossiles.

3. L'augmentation de la température est très variable avec une température maximale de + 4 °C vers – 110 millions d'années. On remarque que cette augmentation de la température est moins élevée à l'actuel (+ 2 °C).

4. Les valeurs maximales de concentration en gaz carbonique coïncident avec les valeurs maximales d'évolution de la température. Il y a un lien de cause à effet entre ces deux paramètres. En effet, comme le CO_2 est un gaz à effet de serre, une forte concentration en CO_2 dans l'atmosphère provoque une augmentation de la température.

5. À partir de 1976, L'énergie nucléaire commence à être utilisée ainsi que l'hydraulique ; mais les énergies fossiles sont encore utilisées, surtout le pétrole. Compte tenu de la durée des réserves des énergies fossiles restantes, 40 années pour le pétrole, il devient très urgent de relayer ces énergies fossiles par des énergies renouvelables.

6. Les autres intérêts sont les suivants :
– diminution de la pollution de l'atmosphère par les gaz à effet de serre (CO_2…) issus de la combustion des combustibles fossiles ;
– diminution de l'augmentation de température par effet de serre ;
– moins d'impact sur les variations climatiques.

11 Énergie solaire et autres ressources énergétiques

I L'inégale répartition de l'énergie solaire à la surface de la Terre

1 L'origine de l'énergie solaire

■ Le Soleil, gigantesque boule de gaz incandescent de 1,4 million de kilomètres de diamètre est l'une des 200 à 300 milliards d'étoiles formant notre galaxie, la Voie lactée. Sa température peut atteindre 15 millions de degrés, suite à l'énergie produite au cours des réactions de fusion thermonucléaire.

■ La quantité d'énergie émise par le Soleil est exceptionnellement constante. Elle est produite sous forme de **rayonnement électromagnétique** dont l'essentiel du spectre est compris entre l'**infrarouge** et l'**ultraviolet**. Cette émission d'énergie vient du centre du Soleil principalement constitué d'**hydrogène** (71 %), d'**hélium** (27 %) et d'autres éléments plus lourds (2 %).

■ Quand la température au centre du Soleil atteint 16 millions de degrés Celsius environ, la densité est alors égale à 150 fois celle de l'eau. Ces conditions facilitent l'interaction des noyaux des différents atomes de dihydrogène qui subissent une **fusion nucléaire** au cours de laquelle l'association de deux noyaux légers conduit à la formation d'un noyau plus lourd. Cette réaction de fusion nucléaire libère une quantité d'énergie très importante et se produit à une température très élevée.

2 L'énergie reçue par la Terre varie avec la latitude

■ La Terre tourne autour du Soleil et décrit une trajectoire circulaire déterminant le **plan de l'écliptique** ou plan de révolution de la Terre. À 150 millions de kilomètres, le Soleil produit une puissante énergie lumineuse se dispersant dans l'espace sous la forme d'un rayonnement électromagnétique dont le spectre va de l'ultraviolet à l'infrarouge. L'énergie solaire constitue **la seule source d'énergie extérieure reçue par la Terre** et détermine sa géodynamique externe.

■ Dans l'espace, sur une surface exposée perpendiculairement au rayonnement solaire, la puissance du rayonnement solaire mesuré est de 1 355 $W{\cdot}m^{-2}$.

■ Sur Terre, l'albédo et l'angle d'incidence diminuent cette puissance au sol. L'**albédo** correspond au rapport entre l'énergie totale reçue par la Terre et l'énergie réémise dans l'espace. Comme l'albédo pour la Terre est de 0,39, on peut considérer que sur les 100 % d'énergie solaire reçue, la Terre en absorbe 61 % et en réémet 39 %.

On appelle **angle d'incidence** l'angle que fait un rayon incident avec la normale à la surface au point d'incidence. Cet angle détermine l'importance du rayonnement direct intercepté par la surface terrestre. On appelle **angle d'inclinaison** pour une surface captatrice l'angle que fait cette surface avec le plan horizontal. Au fur et à mesure qu'on se rapproche des pôles, l'angle d'incidence d'un faisceau solaire est plus fort, et, de ce fait, ce faisceau se projette sur une surface de plus en plus grande. Comme ce faisceau apporte une énergie solaire constante, le flux solaire diminue au fur et à mesure qu'on se rapproche des pôles.

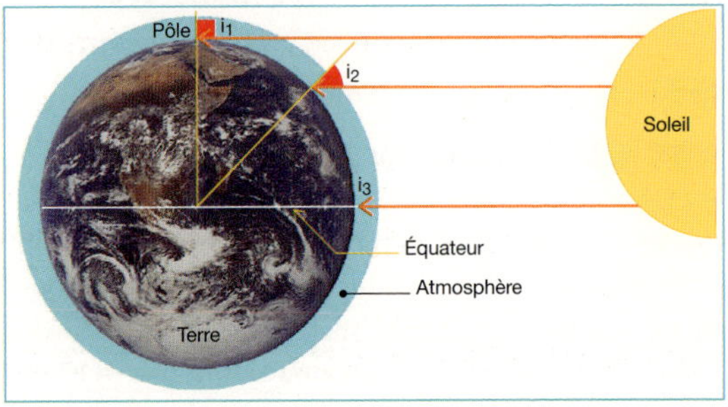

Doc. 1. Variation de l'éclairement en fonction de la latitude. i_1, i_2, i_3 sont les angles d'incidence : $i_1 = 90°$, $i_2 = 45°$, $i_3 = 0°$. Plus on se rapproche des pôles, plus l'angle d'incidence est élevé, plus la surface éclairée est grande et plus la quantité d'énergie reçue par unité de surface est faible.

3 L'énergie reçue par la Terre varie au cours d'une année

■ Comme l'axe de rotation de la Terre sur elle-même est oblique, la durée des nuits et des jours varie au cours de l'année. L'énergie solaire reçue à la surface de la Terre en un point varie avec la latitude à un moment donné de l'année.

■ Puisque la Terre est sphérique, une même surface reçoit aux pôles une quantité d'énergie plus faible qu'à l'équateur, ce qui joue un rôle déterminant dans la répartition des climats.

■ L'inclinaison de l'axe de rotation de la Terre par rapport au plan de l'écliptique est en relation avec l'existence des saisons. Cette inclinaison détermine quatre positions particulières de la Terre par rapport au Soleil, ce sont les **équinoxes** de printemps et d'automne et les **solstices** d'été et d'hiver.

Période \ Durée	Jour	Nuit
Solstice d'été (21 juin)	Maximale	Minimale
Équinoxe d'automne (23 septembre)	Égale	Égale
Solstice d'hiver (21 décembre)	Minimale	Maximale
Équinoxe de printemps (20 mars)	Égale	Égale

Doc. 2. Évolution de la durée du jour au cours de l'année.

II Étude de l'origine des vents, des courants et du cycle de l'eau

1 L'origine des vents et des courants

■ La température augmente des pôles vers l'équateur et diminue du sol vers le sommet de l'atmosphère. Ces différences de température constituent des **gradients** et sont principalement en relation avec les bilans radiatifs aux différentes latitudes. Ce sont ces gradients de température qui constituent le **moteur des masses d'air atmosphérique**. On en déduit que ce sont les mouvements horizontaux des masses d'air ou vents, dépendant de la pression et de la température, qui perturbent la troposphère.

■ **Les masses d'eau océaniques aussi sont mobiles.** Comme l'eau froide est plus dense que l'eau chaude et l'eau salée plus dense que l'eau douce, les eaux froides salées sont encore plus denses et plongent sous les eaux superficielles, qui sont plus chaudes car elles sont réchauffées par les rayons solaires. Ces eaux superficielles sont aussi moins salées et moins denses. **Des différences de densité entre des masses d'air ou des masses d'eau sont donc à l'origine de ces mouvements.**

■ Par le déplacement des enveloppes fluides de la Terre, les différents **polluants** atmosphériques (poussières, fumées, etc.) et océaniques (chimiques, hydrocarbures, etc.) sont transportés rapidement par les vents et les eaux superficielles et plus lentement par les courants océaniques profonds.

2 Le cycle de l'eau transporte de l'énergie

L'eau s'évapore en utilisant l'énergie du Soleil. En absorbant une grande quantité d'énergie, les molécules d'eau s'arrachent d'une surface d'eau et se retrouvent à l'état de vapeur dans l'atmosphère. Lorsque la vapeur se condense (formation des nuages) et retourne à l'état liquide (précipitations), cette énergie est ensuite libérée.

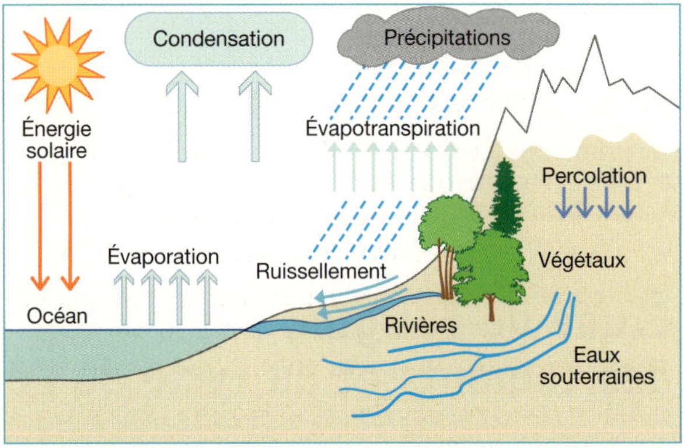

Doc. 3. Cycle de l'eau. C'est l'évaporation qui provoque le refroidissement de l'air environnant. Ce processus se réalise grâce à l'énergie solaire puisée par les molécules d'eau dans le milieu. L'eau peut être chauffée soit par le soleil, soit par l'atmosphère au contact de la surface de l'eau.

■ La photosynthèse utilise moins de 1 % de l'énergie solaire reçue à la surface de la planète. Elle transforme l'énergie solaire en énergie chimique. Les 99 % restant sont utilisés pour chauffer l'air, ce qui détermine les vents et les courants, pour chauffer l'eau et permettre son évaporation. C'est ce qui détermine le cycle de l'eau.

Les mouvements des enveloppes fluides, hydrosphère et atmosphère sont les résultats de l'inégale répartition de l'énergie solaire.

III L'origine des ressources énergétiques renouvelables

■ Une énergie exploitable par l'homme de manière à ce que ses réserves ne s'épuisent pas est considérée comme une **énergie renouvelable**. Le rayonnement solaire constitue une énergie renouvelable et génère d'autres formes d'énergie telles que l'hydroélectricité, l'énergie éolienne.

Origine de l'énergie éolienne

Le déplacement des masses d'air, lié aux différences de pression à l'intérieur de l'enveloppe atmosphérique dépend des variations de la température donc de l'énergie solaire. L'énergie éolienne repose sur l'énergie mécanique de ces déplacements de masses d'air. C'est cette énergie mécanique, force du vent, qui est utilisée pour la navigation à voiles, les moulins à vent, les éoliennes.

Origine de l'énergie hydraulique

L'eau s'évapore des océans par l'action du rayonnement solaire. Lorsque cette vapeur d'eau refroidit, elle se condense et forme les nuages qui sont déplacés par les vents. La vapeur d'eau condensée tombe ensuite sous forme de neige ou de pluie et va alimenter l'eau des rivières et des océans.

Toute énergie fournie par des mouvements de l'eau (marée, cours d'eau, chute) constitue **l'énergie hydraulique.** Dans le cas des centrales hydroélectriques, l'énergie hydraulique peut être convertie en énergie électrique.

Comme à l'origine c'est l'énergie solaire qui est à l'origine du déplacement des masses d'air et des masses d'eau, **utiliser l'énergie des vents**, des courants marins et des barrages hydroélectriques **est donc une manière indirecte d'utiliser l'énergie solaire.** Ce sont donc des ressources énergétiques qui restent rapidement renouvelables.

IV L'importance actuelle et future des ressources énergétiques renouvelables

1 L'énergie solaire reçue par la planète

Lorsque la surface de la Terre s'échauffe après réception de rayons solaires incidents, elle réémet vers l'espace un rayonnement infrarouge (chaud). Une partie de l'énergie solaire reçue par la Terre (moins de 1 %) est utilisée par les végétaux pour synthétiser la matière organique au cours de la photosynthèse, la plus grande partie participe à la formation des ressources énergétiques renouvelables. Cependant il faut noter que l'homme n'en exploite pas la totalité (doc. 4).

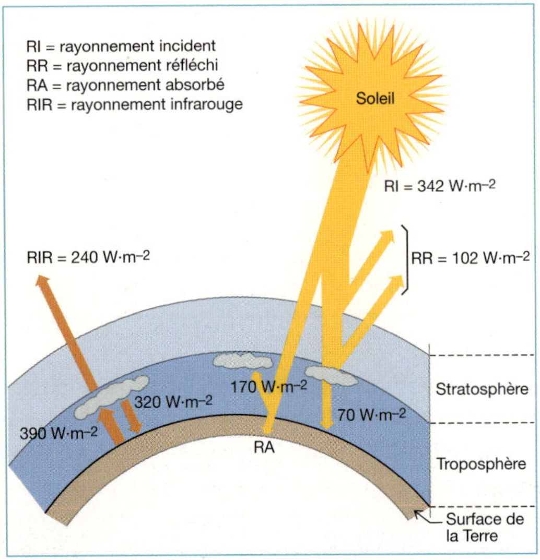

Doc. 4. L'énergie solaire reçue par la Terre.

2 Production mondiale d'énergie primaire

- Le pétrole représente la source la plus importante dans la production mondiale d'énergie primaire, soit 35,2 % du total, puis viennent le charbon, à raison de 25 %, puis le gaz naturel, à raison de 21 %.
- Plus de 80 % de la production mondiale d'énergie repose sur l'exploitation du pétrole, du charbon et du gaz naturel.
- De plus, les habitants des différentes zones économiques de la planète ont des consommations d'énergie primaire très différentes.
- On observe de grandes disparités des consommations d'énergie dans les différentes zones économiques. Ce sont les États-Unis qui ont la consommation d'énergie primaire par habitant la plus élevée, 8,1 tep/hab/an (tonnes équivalent pétrole par habitant et par an), et la Chine qui a la plus basse, soit 0,9 tep/hab/an.

Source primaire	Gtep/an	%
Pétrole	3,95	35,2
Charbon	2,8	25,0
Gaz naturel	2,4	21,0
Nucléaire	0,7	6,2
Hydraulique	0,25	2,2
Biomasse (bois) Et autres renouvelables	1,2	10,4
Total	11,3	100

Doc. 5. Production mondiale d'énergie primaire exprimée en milliards de tonnes équivalent pétrole (Gtep).

Zone économique	Consommation d'énergie primaire (tep/hab/an)
Amérique du Nord	6,5
Amérique Latine	1,1
Europe de l'Ouest	3,4
Afrique	0,6
Moyen-Orient	2,3
Extrême-Orient	0,9

Doc. 6. Consommation d'énergie primaire (année 2001).

■ Comme on prévoit un accroissement de la population mondiale (9 à 10 milliards vers 2050) et une croissance de 8 à 10 % pour la Chine et l'Inde, la demande d'énergie primaire va augmenter mais avec une répartition géographique différente.

Les experts tablent sur une croissance moyenne d'environ 1,7 % par an pour les prochaines décennies, soit un doublement de la demande mondiale, c'est-à-dire une consommation de 20 milliards de tep dans les années 2040-2050. Cette forte consommation ne sera pas totalement couverte car les réserves des combustibles fossiles ne sont pas illimitées.

Le tableau ci-dessous nous montre l'état des réserves d'énergies primaires fossiles en 2004.

	Réserves mondiales prouvées (Gtep)	Consommation annuelle (Gtep)	Durée (au rythme actuel de la consommation)
Pétrole	140	3,9	40 ans
Gaz naturel	160	2,4	60 ans
Charbon	600	2,8	200 ans

Doc. 7. Réserves d'énergies primaires fossiles (en 2004).

■ Compte tenu des chiffres du tableau, on remarque que la situation devient préoccupante pour le pétrole car 80 % des réserves se trouvent dans les pays de l'OPEP. Le gaz naturel aura lui aussi fortement diminué. Il restera davantage de charbon mais il génère davantage de pollution pour l'environnement.

■ De ce fait, il est devenu indispensable de modifier la stratégie énergétique en exploitant d'une part l'énergie nucléaire et d'autre part en développant la part des énergies renouvelables (hydraulique, solaire, éolien, biomasse…). On remarque dans le document 5 que la place laissée à l'énergie hydraulique, la biomasse et les autres énergies renouvelables correspond à 12,6 % de la production mondiale d'énergie primaire.

■ Entre 2006 et 2007, grâce au développement de l'éolien et de la biomasse, la quantité d'électricité produite à partir d'énergie renouvelable a augmenté de 5,7 %. En 2007 en Europe, la part d'énergie renouvelable dans la consommation d'énergie primaire totale atteint 7,53 % et l'objectif pour 2010 était de 12 %. Mais seulement 6,88 % de l'énergie consommée en France est d'origine renouvelable.

On peut donc dire que malgré une augmentation globale des énergies renouvelables, les différentes formes d'énergie d'origine solaire ne sont pas encore suffisantes pour couvrir les besoins énergétiques mondiaux en croissance. C'est la raison pour laquelle certains pays riches se réorientent de nouveau vers l'énergie nucléaire pendant que la Chine et l'Inde veulent, elles, accroître l'exploitation de leur charbon, malgré la source de pollution qu'elle représente.

SCHÉMA BILAN

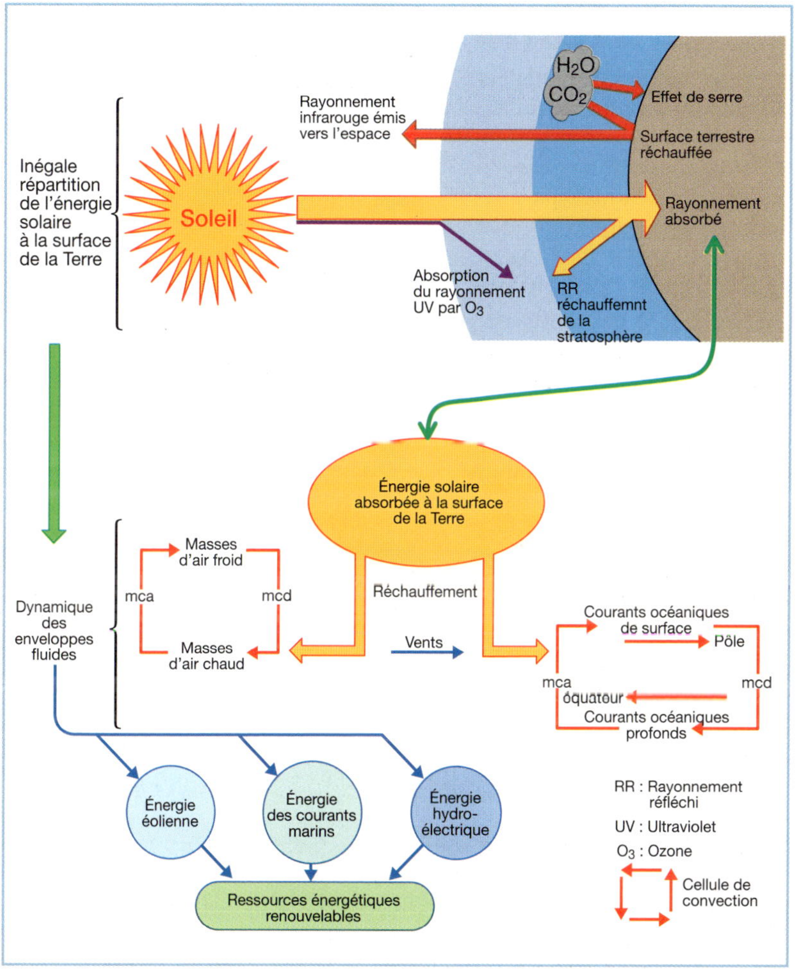

Doc. 8. De l'énergie solaire aux ressources énergétiques renouvelables.

Intérêt de l'utilisation des satellites de télédétection

■ Un très large spectre d'observation est utilisé par les satellites de télédétection pour observer la Terre : optique, radar, infrarouge, ultraviolet, etc. Parmi eux, on trouve les satellites du groupe Spot et ceux du groupe Météosat.

■ Les satellites du groupe Spot (Satellite pour l'observation de la Terre) sont des **satellites à défilement**. Placés entre 700 et 900 km d'altitude, ils tournent en orbite polaire et observent la surface terrestre. Le satellites du groupe Météosat sont des **satellites géostationnaires**. Placés à 35 800 km d'altitude sur une orbite équatoriale parcourue en 2 à 4 heures, ils recueillent des informations météorologiques.

Principe de réalisation d'une image satellitale

■ Chaque zone de la surface terrestre est balayée point par point par le radiomètre (capteur) intégré dans le satellite et reçoit une valeur comprise entre 0 et 255 en fonction de la quantité d'énergie renvoyée. Ces données chiffrées sont ensuite transmises à un centre de traitement situé au sol qui va transformer chaque carré numérique en un carré coloré (en fausses couleurs) ou pixel. Chaque pixel correspond à une surface au sol de 20 m × 20 m.

■ La résolution, exprimée en nombre de pixels par unité de surface, est fonction de la technologie employée et de l'altitude du satellite. Lorsque l'orbite est basse, la résolution est bonne mais la surveillance ne peut se faire en temps réel par le même capteur qui ne peut revenir au-dessus de la même zone qu'après un certain délai.

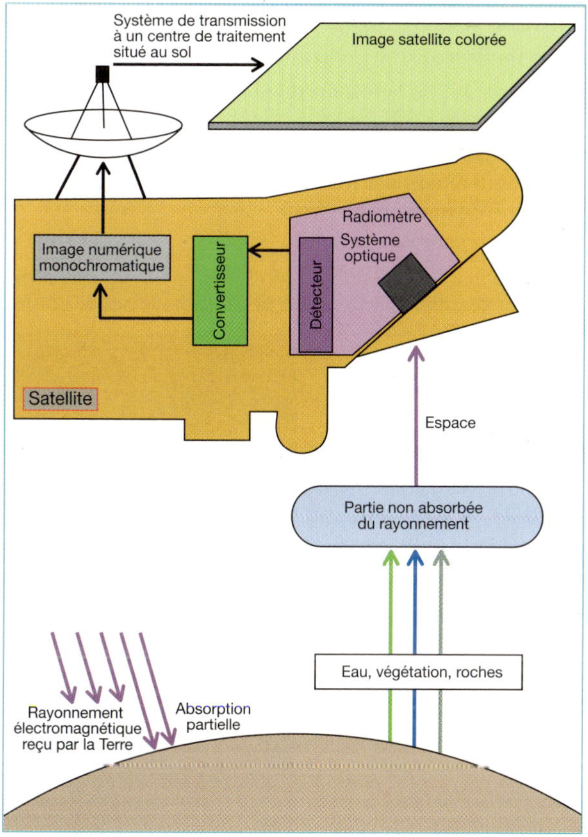

Doc. 9. Principe de réalisation d'une image satellitale.

Principe de fonctionnement d'une éolienne

■ Les éoliennes modernes sont constituées par les éléments suivants :

• **la fondation, ou assise de béton** permettant de fixer de manière rigide l'ensemble de la structure de l'éolienne ;

• **la nacelle,** contenant toute la machinerie qui est utilisée pour :
– transformer le mouvement des hélices en électricité,
– orienter l'éolienne de manière optimale,
– mettre l'éolienne en position de repos.

• **le mât** ou tour en acier ou en métal, pouvant placer l'hélice dans une zone de vent plus fort et régulier. C'est ce qui permet d'avoir une grande longueur de pale ;

• **l'hélice**, composée 2 à 3 pales (le plus souvent) ;

• **la cabine de dispersion,** élément très important qui effectue l'adaptation du courant électrique produit par la nacelle en un courant pouvant être transféré sur le réseau électrique local.

■ Les éoliennes sont des machines utilisant la force motrice du vent et servant à transformer l'énergie du vent en énergie pouvant être utilisée par l'homme.

Cela peut être :
– de l'énergie mécanique (ex. : les moulins ou les éoliennes de pompage) ;
– de l'énergie électrique (ex. : les éoliennes modernes).

Doc. 10. Éolienne.

Vérifier ses connaissances

Dans les exercices 1 à 4, relevez les affirmations exactes et corrigez celles qui sont inexactes.

1 L'énergie produite par le Soleil est le résultat de :

a. la fission nucléaire, division d'un noyau atomique lourd en deux fragments plus légers.

b. la fusion nucléaire.

c. l'intervention de protons et neutrons.

d. réactions chimiques.

▸ corrigé p. 147

2 La lumière solaire se décompose en plusieurs rayonnements ou radiations caractérisés chacun par :

a. la même couleur.

b. une longueur d'onde différente.

c. le même spectre quel que soit le lieu atteint par le rayonnement solaire.

▸ corrigé p. 147

3 Les mouvements des enveloppes fluides :

a. ne sont pas les résultats de l'égale répartition de l'énergie solaire à la surface du globe.

b. sont les résultats de l'égale répartition de l'énergie solaire à la surface du globe.

c. varient au cours d'une année.

d. ne varient pas au cours d'une année.

▸ corrigé p. 147

4 Utiliser l'énergie des vents, des courants marins, des barrages hydroélectriques :

a. n'est pas une manière directe d'utiliser l'énergie solaire.

b. est une manière directe d'utiliser l'énergie solaire.

c. n'est pas une manière indirecte d'utiliser l'énergie solaire.

d. est une manière indirecte d'utiliser l'énergie solaire.

▸ corrigé p. 147

S'entraîner

5 Inconvénients et avantages des parcs éoliens

Un **parc éolien**, ou une **ferme éolienne**, correspond à un site regroupant plusieurs éoliennes et produisant de l'électricité. Il est placé la plupart du temps dans un espace où le vent est fort et/ou souffle de manière très régulière. Mais certaines personnes et riverains critiquent ces installations et accusent les parcs éoliens de trop modifier les paysages.

1. Citez les avantages d'une ferme éolienne.
2. Citez les inconvénients d'une ferme éolienne.

▸ corrigé p. 147

Problème

6 L'homme a besoin d'énergie pour vivre, se déplacer, se chauffer… L'énergie est indispensable dans tous les secteurs, l'industrie, l'agriculture, la pêche… Il existe plusieurs sources d'énergies sur notre planète. Le document ci-contre en présente plusieurs.

1. Précisez celles qui appartiennent aux types d'énergies non renouvelables. Justifiez votre réponse.
2. Comparez les informations saisies à partir du document ci-contre.
3. Indiquez l'origine des énergies renouvelables.
4. Indiquez les avantages des énergies renouvelables.

▸ corrigé p. 148

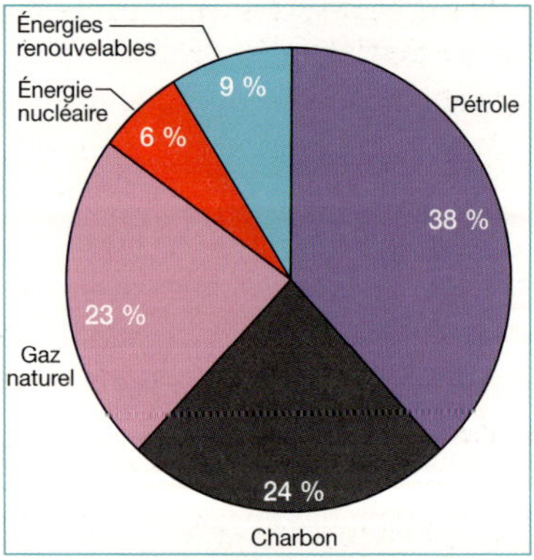

Doc. 11. Estimation de la consommation mondiale des différents types d'énergie.

1 a. **Faux.** La fission nucléaire est la division d'un noyau atomique lourd en deux fragments plus légers.

b. **Vrai.** La fusion nucléaire est l'association de deux noyaux légers qui conduit à la formation d'un noyau plus lourd.

c. **Vrai.**

d. **Faux**, car les réactions chimiques impliquent le cortège électronique des atomes.

2 a. **Faux.**

b. **Vrai.** On appelle spectre solaire l'ensemble des longueurs d'onde produites par le Soleil.

c. **Faux**, le spectre du rayonnement émis par le Soleil et atteignant la haute atmosphère est différent de celui du rayonnement reçu à la surface de la Terre.

3 a. **Vrai.**

b. **Faux.** Ce sont les résultats de l'inégale répartition de l'énergie solaire à la surface du globe.

c. **Vrai.**

d. **Faux.** Les mouvements des enveloppes fluides varient au cours d'une année puisque l'énergie reçue par la Terre varie au cours d'une année.

4 a. **Vrai.**

b. **Faux.** C'est une manière indirecte.

c. **Faux.**

d. **Vrai.**

5 1. L'énergie est créée par les vents et les brises qui en bord de mer ou en montagne sont saisonniers, voire souvent quotidiens.

C'est très rentable car la période de haute productivité, le plus souvent en hiver où les vents sont plus forts, correspond à un moment de l'année où la demande d'énergie est la plus importante.

C'est une énergie propre, ne produisant aucun déchet, ne pollue donc ni l'atmosphère, ni l'eau, ni le sol.

Énergie renouvelable parce que c'est une énergie durable indéfiniment et pour lequel aucun carburant n'est utile.

Énergie ne créant pas de gaz à effet de serre (sauf pour la fabrication de l'éolienne et son implantation).

Les éoliennes permettent l'alimentation de sites isolés et non raccordés au réseau électrique général.

Le plus souvent, les coûts d'installation et les frais de fonctionnement sont faibles, eu égard à la relative simplicité des technologies mises en œuvre.

Cela permet de créer de nouveaux emplois en Europe.

2. Les fermes éoliennes ont un impact sur l'environnement.

– Le paysage est parfois très, voire trop, modifié et cela, bien souvent de manière inesthétique.

– Les sites sont parfois bruyants.

– L'écologie locale des sites est perturbée surtout pour la faune qui perd parfois ses repères. Des ornithologues ont constaté que des éoliennes provoquaient la mort de certaines chauves-souris, ainsi que celle de quelques oiseaux.

– Des vestiges archéologiques sont parfois détruits pour la construction de parcs éoliens.

– Il existe souvent des interférences électromagnétiques.

6 **1.** Le pétrole, le gaz, le charbon et l'énergie nucléaire sont des énergies non renouvelables.

Le pétrole, le gaz et le charbon sont non renouvelables car ce sont des combustibles fossiles, formés il y a des millions d'années.

Les gisements d'uranium étant limités, l'énergie nucléaire est aussi une énergie non renouvelable.

2. C'est le pétrole qui est le plus consommé (38 %) et l'énergie nucléaire le moins consommé (6 %). Le gaz naturel et le charbon sont consommés à parts à peu près égales et les énergies renouvelables occupent une faible proportion (9 %).

3. Les énergies renouvelables sont fournies par le soleil, le vent, les marées, la biomasse, la chaleur de la Terre (géothermie), les chutes d'eau…

4. Voici les avantages des énergies renouvelables :

– ce sont des énergies inépuisables ;

– leur combustion génère peu à pas de pollution et de déchets ;

– elles participent à la lutte contre les rejets de CO_2 dans l'atmosphère et contre l'effet de serre ;

– elles améliorent la gestion des ressources locales et constituent des sources d'emplois.

12 La biomasse végétale : une source de nourriture et d'agrocarburants

I Les conditions indispensables pour la production de la biomasse

1 Répartition des terres cultivables

■ Les surfaces cultivables sont soumises à des lourdes contraintes (sol trop pentu et lessivé à la moindre pluie, climat trop froid ou trop sec, etc.). Les terres arables ou cultivables sont donc inégalement réparties sur l'ensemble de la planète à cause des nombreuses contraintes environnementales (doc. 1).

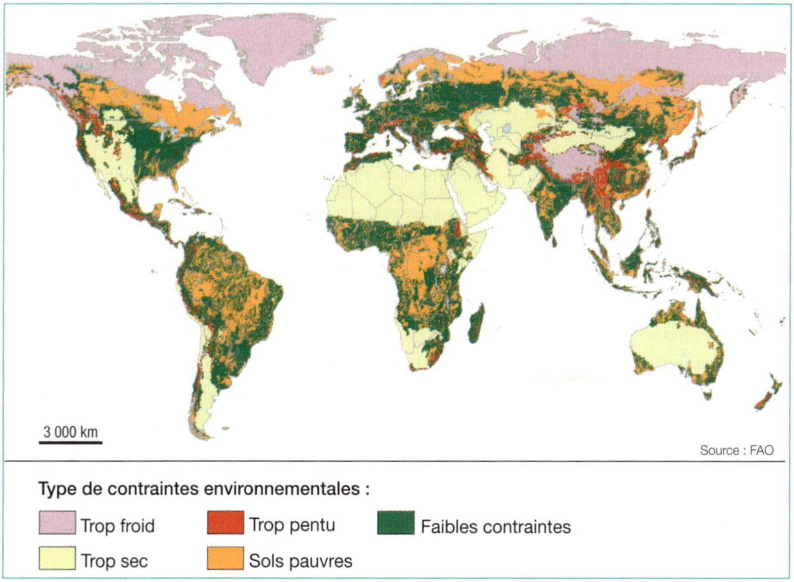

Doc. 1. Des terres soumises aux différentes contraintes environnementales.

Sur le document 1, les terres arables ou cultivables sont celles qui sont soumises à de faibles contraintes et apparaissent en vert. Elles sont situées pour la plupart sur des zones de forêts. On remarque que de nombreuses zones désertiques (désert froid ou désert chaud) à la surface de la planète en sont totalement dépourvues.

➲ Les forêts sont des zones écologiquement sensibles qu'on essaie de préserver, par exemple la forêt amazonienne qui constitue l'un des poumons de la planète.

2 Les surfaces cultivables sont rares

■ L'exploitation de la terre permet de nourrir près de 6,8 milliards d'habitants sur la planète, c'est donc la ressource la plus précieuse pour l'humanité. Dans le monde, la superficie actuellement cultivable est de 30 millions de km^2, ce qui correspond à 5,8 % de la superficie de notre planète et correspond à 0,2 ha en moyenne par habitant. Cette superficie par habitant est très faible, il est donc urgent de préserver cette ressource.

■ Sur environ 38 % des terres émergées à la surface de la planète et consacrées à l'élevage et aux forêts, seuls 12 % sont des espaces réservés à l'agriculture. Les forêts et les pâturages correspondent aux 26 % restants. La terre est donc une ressource précieuse et limitée. Les sols constituant cette terre sont variés et leur qualité dépend de très nombreux critères.

3 Diminution des terres agricoles

■ Suite à l'**érosion** et à l'augmentation de la démographie mondiale, 0,5 % des terres cultivables sont perdues chaque année. En 1960, il y avait 0,43 ha de terres cultivables par habitant, en 2050, si les choses ne changent pas, il ne restera plus que 0,15 ha de terres cultivables par habitant.

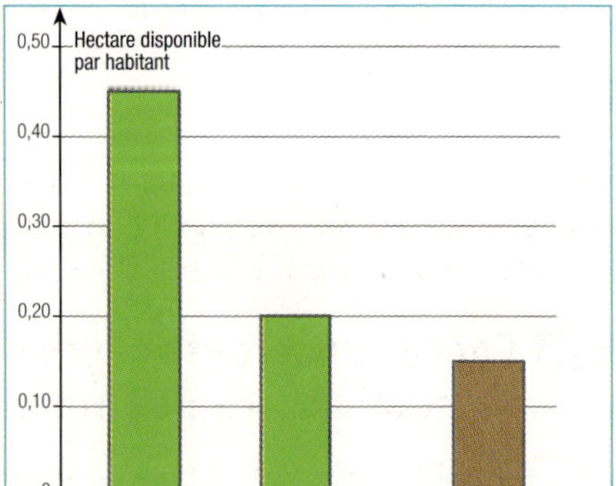

Doc. 2. Diminution des terres agricoles.

■ À cause de l'**urbanisation** et des multiples dégradations subies par le sol, chaque année, 12 à 16 millions d'hectares de terres arables disparaissent. Par la création de routes et d'autoroutes, de plus en plus de terres cultivables de très bonne qualité disparaissent aussi.

■ Certains pays manquent de terres arables. C'est le cas de la Chine qui possède 9 % des terres arables de la planète pour nourrir 20 % de la population mondiale. C'est la raison pour laquelle elle importe davantage et a aussi déjà commencé à délocaliser son agriculture en louant des sols dans certains pays d'Afrique.

4 Besoin d'eau pour l'agriculture

■ L'agriculture utilise 70 % de la consommation mondiale d'eau douce prélevée dans les rivières et les nappes souterraines. Entre 1900 et 1975, cette consommation a été multipliée par six à cause de l'accroissement de la population et des besoins alimentaires.

■ Comme la population ne cesse d'augmenter (190 000 êtres humains en plus chaque jour), il est indispensable d'intensifier la production agricole pour augmenter la production alimentaire. À cet effet, les terres irriguées auront besoin de davantage d'eau. En septembre 2009 cette augmentation a été estimée à environ 11 % par la FAO d'ici à 2050.

■ En France, pour les besoins de l'agriculture, 5 milliards de m^3 d'eau sont prélevés par an et 60 % de l'eau prélevée est consacrée à l'irrigation. Cette proportion est variable et dépend des conditions climatiques et du type de cultures à irriguer. En effet, la culture du maïs ou du blé consomment davantage d'eau que celle de la salade.

Production de 1 kg	Salade	Pommes de terre	Maïs	Blé
Quantité d'eau nécessaire (L)	25	100	400	1500

Doc. 3. Quantité d'eau nécessaire pour produire 1 kg de salade, de pommes de terre, de maïs et de blé.

■ Beaucoup d'agriculteurs des pays développés s'orientent vers une irrigation au « goutte à goutte » pour économiser l'eau, car 30 à 60 % de l'eau d'arrosage ne sont pas utilisés par les cultures et s'évaporent.

5 Concurrence entre agriculture et biodiversité naturelle

■ C'est dans le sol et à la surface du sol que vit la plus grande partie de la biodiversité animale et fongique terrestre. Les champignons, les bactéries, les fourmis, les insectes, les vers de terre, les araignées sont des organismes vivant dans le sol et ils y assurent des fonctions importantes (décomposition de la matière organique, aération du sol...). De plus, toutes les plantes, les espèces céréalières comme les mauvaises herbes, sont enracinées dans le sol.

■ Cette biodiversité concerne aussi bien les animaux que les végétaux et peut être affectée par certains traitements (herbicides, fongicides pour les plantes) et aussi par toute dégradation du sol par érosion, tassement, imperméabilisation ou salinisation.

■ Lorsque le sol est pollué, la biodiversité peut être fortement altérée (doc. 4).

■ Lorsque la biodiversité des sols diminue, la fertilité de la terre baisse et les rendements agricoles aussi.

Il y a donc une concurrence entre l'agriculture et la biodiversité naturelle.

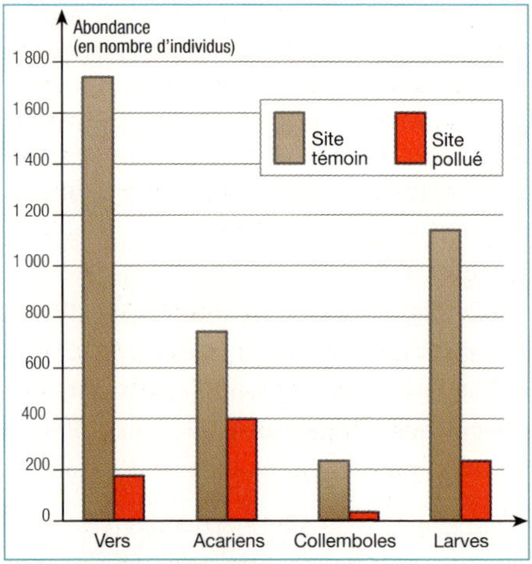

Doc. 4. Effet de la pollution sur l'abondance de vers, acariens, collemboles et larves dans le sol.

II L'intervention de l'homme dans les flux naturels de biomasse

La **biomasse** est la quantité d'énergie solaire stockée sous forme de matière organique, grâce à la photosynthèse réalisée par les végétaux verts chlorophylliens.

■ **La biomasse végétale, source de nourriture et de combustibles**

Les céréales, la canne à sucre, la betterave, etc. constituent la biomasse riche **en substances glucidiques** et très largement exploitée pour fabriquer des produits alimentaires. Cette biomasse peut être aisément hydrolysée et valorisée par des procédés de fermentation ou de distillation.

La **biomasse oléagineuse** est riche en lipides, à l'origine des huiles de colza, tournesol, arachide, olive, palme, etc. À partir de ces huiles ou de leurs dérivés, on peut aussi produire des **biocombustibles.**

■ La quantité de biomasse synthétisée chaque année avoisine 200 Gt et équivaut à la masse globale des réserves en pétrole. Contrairement aux énergies fossiles (charbon, pétrole et gaz naturel), la biomasse est une énergie renouvelable si on admet que les quantités brûlées ne dépassent pas les quantités produites (ex. : bois et biocarburants).

Son bilan carbone est neutre, c'est-à-dire que sa combustion ne dégage pas plus de CO_2 que ce qu'absorbent les végétaux au moment de la photosynthèse. Mais il est éthiquement incorrect d'utiliser des produits agricoles alimentaires pour produire des biocarburants dans les pays développés quand certaines populations meurent de faim dans les pays sous développés. C'est la raison pour laquelle on développe maintenant la fabrication des biocarburants de deuxième génération à partir de la cellulose, des hémicelluloses du bois et des déchets agricoles.

La biomasse végétale, source d'énergie

La biomasse peut être exploitée par combustion. On appelle **biomasse énergie**, la biomasse utilisée pour fabriquer de l'énergie ; elle présente trois catégories :

– la biomasse ligneuse ;

– la biomasse fermentescible ;

– la biomasse sucrière et oléagineuse.

Avec des technologies de production adaptées, ces trois catégories produisent trois types d'énergie qui sont présentés dans le tableau du document 5.

Responsabilité humaine en matière d'environnement

À partir de la biomasse végétale, on produit de la nourriture pour couvrir les besoins alimentaires des populations en forte croissance. À partir de la biomasse énergie, on peut produire de la chaleur, de l'électricité et des biocarburants (éthanol et biodiesel).

Il existe donc une concurrence entre production de nourriture et production d'agrocarburants. Cette concurrence devient de plus en plus sévère car comme la biomasse énergie est considérée très souvent comme renouvelable, certains groupes spécialisés dans ce domaine favorisent la déforestation et laissent s'envoler les prix alimentaires.

On remarque que la part de surface cultivable consacrée aux végétaux dont on va tirer le biocarburant va croissant, sa culture étant plus lucrative.

■ On produit annuellement dans le monde 250 millions de tonnes de bagasse, ce qui pourrait permettre de faire l'économie de 50 millions de tonnes de pétrole et ainsi réduire la quantité de CO_2 produite dans l'atmosphère, suite à la combustion du pétrole.

■ À moyen terme, la biomasse énergie peut couvrir 10 % des besoins énergétiques mondiaux, ce qui constitue un succès pour la protection de l'environnement et du climat par réduction de la production de CO_2, gaz à effet de serre. Mais cela ne pourra pas être considéré comme un progrès si c'est aux dépens de la production alimentaire et de la biodiversité, et si cela risque d'aggraver la pauvreté et la faim dans le monde.

Type de biomasse	Technologie de production	Utilisation
Biomasse ligneuse – bois, – paille, – bagasse* – rafles de maïs …	**Chaudière à biocombustibles** (chauffage direct ou centrales)	Chauffage, électricité
Biomasse fermentescible – lisiers, – résidus liquides, – déchets organiques...	**Production de biogaz** (proche du gaz naturel) par biodigesteur*	Chauffage, transports, électricité (groupes électrogènes)
Biomasse sucrière et oléagineuse – plantes sucrières : blé, canne à sucre…, – huiles végétales : tournesol, palme…	**Fabrication de biocarburants liquides** en distillerie (éthanol*) ou par estérification (biodiesel*)	Transports, électricité (groupes électrogènes)

Doc. 5. Différentes productions énergétiques à partir de la biomasse.

Bagasse : résidu fibreux de la canne à sucre composé principalement par la cellulose de la plante. C'est une bioénergie utilisée dans les usines de production de rhum et de sucre qui assure une autonomie énergétique aux installations. **Biodigesteur :** cuve produisant du biogaz par un procédé biologique de méthanisation des matières organiques. **Méthanisation :** dégradation biologique naturelle de la matière organique en absence d'oxygène. **Biodiesel :** le biodiesel est produit à partir des graines oléagineuses (tournesol et colza). Il est utilisé pur en Allemagne ou comme additif aux carburants habituels dans les autres pays. **Éthanol :** en France, 70 % de l'éthanol provient de la betterave, 30 % des céréales. Il est utilisé pur au Brésil ou comme additif aux carburants habituels dans les autres pays.

SCHÉMA BILAN

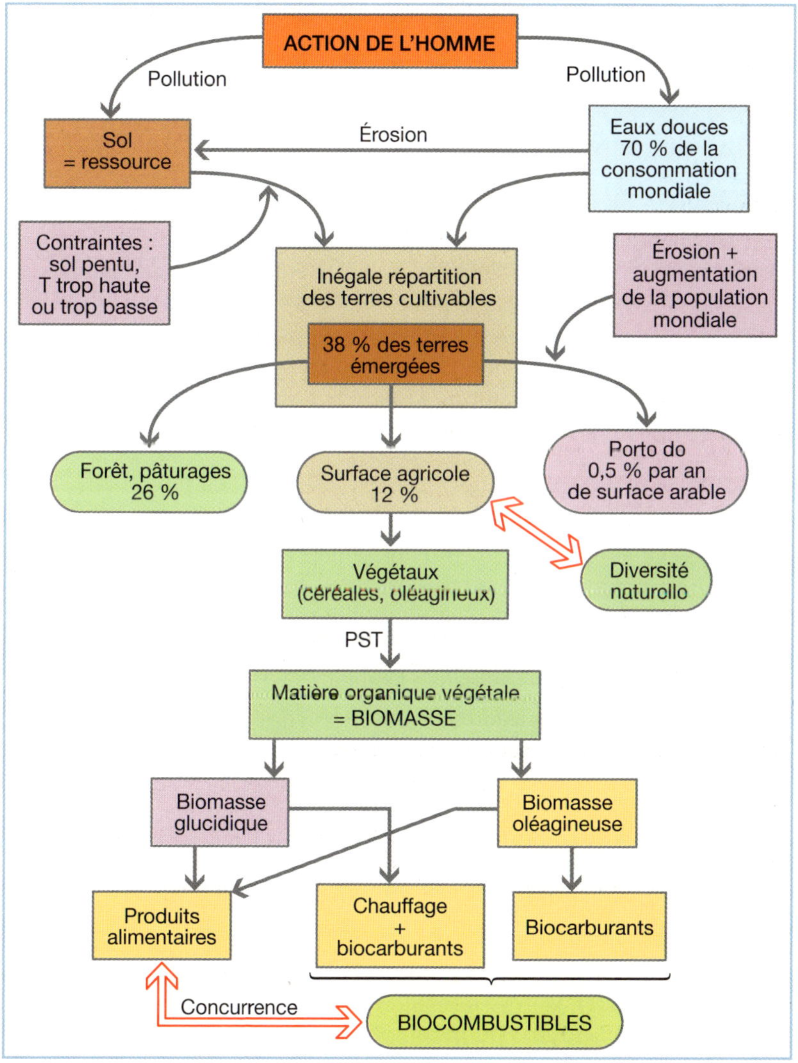

Doc. 6. Intervention de l'homme dans la gestion de la biomasse : ressource de nourriture et d'énergie renouvelable.

Les carburants verts ou biocarburants

■ Les carburants verts ou biocarburants sont utilisés à la place des produits pétroliers ou parfois mélangés à ces produits. Ils sont formés à partir de la biomasse végétale ou animale.

Aujourd'hui, il existe essentiellement deux grandes catégories de **biocarburants liquides** qui sont commercialisés. Ce sont :

– **les huiles végétales** (colza, soja, palme, etc.) sont des biocarburants produits à partir de plantes oléo protéagineuses.

– **les alcools** (en particulier l'éthanol) et ses dérivés (en particulier l'éthyl tertiobutyl éther ou ETBE). On produit ces biocarburants à partir de plantes sucrières (canne, betterave) ou céréalières (maïs, blé). **L'éthanol (ou bioéthanol)** n'est pas utilisé tel quel, à cause de sa forte volatilité. C'est son dérivé **ETBE** qui l'est.

■ Il existe un **nouveau procédé permettant la production de biocarburants à partir de biomasse cellulosique.** La transformation énergétique de la biomasse peut se faire par de nombreuses voies dont la voie biologique qui aboutit à la formation de carburants, produits liquides à haute densité énergétique.

La voie biologique

■ Elle permet de produire des alcools, et en particulier de l'éthanol. Dans certaines conditions, il est miscible ou peut remplacer l'essence.

L'éthanol est produit par une transformation biochimique, la fermentation alcoolique par des levures selon plusieurs étapes :

– étape de prétraitement : la séparation de la biomasse en ses trois constituants principaux (cellulose, hémicelluloses, lignine) ;

– étape d'hydrolyse : la transformation de la cellulose en molécules fermentescibles.

■ On essaie actuellement de trouver divers procédés de prétraitement associant des actions chimiques, mécaniques et éventuellement enzymatiques.

On tente aussi d'améliorer les performances du cocktail enzymatique d'hydrolyse, en général produit grâce à un champignon filamenteux microscopique, *Trichoderma reesei,* capable de sécréter une grande quantité de cellulases, enzymes cellulosiques.

■ Les chercheurs considèrent cette enzyme comme un modèle de référence susceptible d'activer la transformation de la cellulose végétale en sucres simples, lesquels peuvent être transformés en biocarburant de type éthanol par fermentation.

Ce procédé est particulièrement intéressant du point de vue de l'éthique car le biocarburant ainsi produit grâce au *Trichoderma* pourrait être formé à partir de déchets agricoles et sylvicoles, ce qui préserverait la filière agro-alimentaire.

L'avènement de cette nouvelle technologie est envisageable peut-être dans 5 à 20 ans. Elle augmenterait le potentiel de production des biocarburants et métamorphoserait le paysage énergétique mondial.

Techniquement, toutes les étapes du procédé biologique sont envisageables, mais quelques difficultés subsistent.

Vérifier ses connaissances

Dans les exercices 1 à 3, relevez les affirmations exactes et corrigez celles qui sont inexactes.

1 La biomasse végétale :

a. n'est pas produite sans eau.

b. ne dépend pas de l'état du sol.

c. dépend de l'état du sol.

d. ne dépend pas de la biodiversité du sol. ▸ corrigé p. 160

2 La biomasse énergie :

a. est la biomasse utilisée pour fabriquer de l'énergie.

b. n'est pas la biomasse utilisée pour fabriquer de la nourriture.

c. est la biomasse utilisée pour fabriquer du biocombustible.

d. est la biomasse utilisée pour fabriquer uniquement du biocombustible.

▸ corrigé p. 160

3 L'homme gère avec succès la biomasse énergie :

a. si sa production ne se fait pas aux dépens de la production alimentaire.

b. si sa production se fait aux dépens de la production alimentaire.

c. si sa production ne se fait pas aux dépens de la diminution de la biodiversité.

d. si sa production se fait aux dépens de l'augmentation de la faim et de la pauvreté dans le monde. ▸ corrigé p. 160

S'entraîner

4 Les implications d'une utilisation accrue de bioénergie

« La bioénergie est une énergie renouvelable produite à partir de matériaux biologiques. Le bois, le charbon de bois, le fumier et les résidus végétaux sont des formes traditionnelles de bioénergie.

Elle a le potentiel de promouvoir le bien-être économique, de permettre une meilleure utilisation des terres improductives, de renforcer la sécurité énergétique et de réduire les émissions de gaz à effet de serre. Toutefois, pour tirer pleinement parti de ce potentiel, il faut d'abord s'attaquer aux problèmes liés à la production à grande échelle de biocombustibles. »

(extrait de www.greenfacts.org)

1. Citez les problèmes liés à la production à grande échelle de biocombustible.

2. Précisez les conséquences positives et négatives que peut avoir l'expansion des bioénergies.

▸ corrigé p. 160

Problème

5 Maintenir une forte production de biomasse végétale

En France, en 2006, les surfaces urbanisées occupent 5 % du territoire. Des infrastructures consacrées au transport, des zones commerciales et industrielles, du tissu urbain, sont mis en place. Le document ci-dessous montre l'évolution des surfaces entre 2000 et 2006. En 2006, les terres agricoles représentent 60 % de la surface totale, les forêts et les espaces naturels représentent 34 % du territoire et les surfaces occupées par l'eau 1 %.

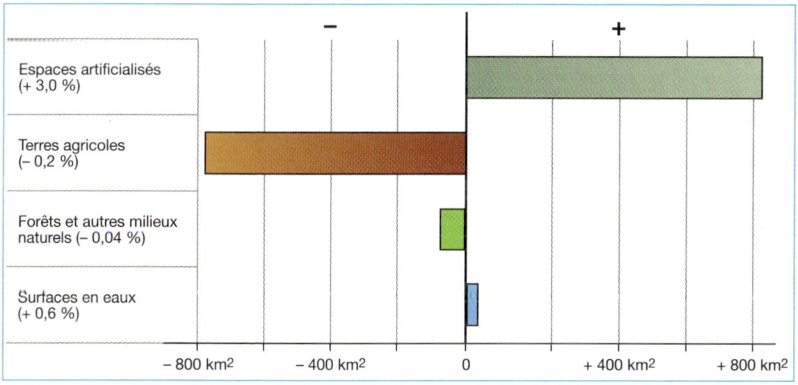

Doc. 7. Évolution de la surface entre 2000 et 2006.

1. Utilisez les informations saisies à partir du graphique pour préciser comment évoluent les surfaces des terres agricoles et les surfaces artificialisées entre 2000 et 2006.

2. Précisez comment évoluent les surfaces forestières au cours de cette période.

3. Indiquez les autres conditions relatives au sol, indispensables pour obtenir une forte production de la biomasse.

4. Suite à des techniques mal adaptées, surexploitation, surpâturage, monoculture intensive de maïs, coton, soja, les sols s'épuisent. Indiquez ce qui a très souvent provoqué la dégradation des sols dans les pays riches.

5. Indiquez par quoi on peut remplacer les pesticides.

▸ corrigé p. 160

1 a. **Vrai.** b. **Faux.** Lorsque le sol est pollué, la fertilité baisse et les rendements agricoles aussi. c. **Vrai.** d. **Faux.** Lorsque la biodiversité des sols diminue, la fertilité du sol diminue et les rendements agricoles aussi.

2 a. **Vrai.** b. **Vrai.** c. **Vrai.** d. **Faux.** Elle sert aussi à produire du biogaz et du biocarburant.

3 a. **Vrai.** b. **Faux.** c. **Vrai.** d. **Faux.** Si sa production ne se fait pas aux dépens de l'augmentation de la faim et de la pauvreté dans le monde.

4 1. Ces problèmes sont la pauvreté, la diminution de la biodiversité, la sécheresse, et les modifications du climat.

2. L'expansion des bioénergies peut avoir des conséquences tant positives que négatives sur les moyens d'existence.

Avantages :
- générer plus d'emplois ;
- améliorer la sécurité énergétique.

Inconvénients :
- générer des conflits pour les terres et des problèmes de violation des droits humains, surtout lorsque des vastes plantations énergétiques sont en jeu ;
- faire naître la concurrence entre la terre et les produits agricoles pourrait faire non seulement augmenter le revenu des agriculteurs mais aussi faire grimper le prix des aliments.

5 1. Les espaces artificialisés augmentent et les terres agricoles diminuent.

2. Elles diminuent de 0,04 %.

3. Le sol doit être fertile et suffisamment irrigué en fonction des besoins en eau de la plante cultivée pour obtenir une forte production de biomasse végétale.

4. C'est l'utilisation des pesticides qui a très souvent provoqué la dégradation des sols dans les pays riches.

5. On peut remplacer les pesticides par la lutte biologique, c'est-à-dire l'introduction dans le milieu du prédateur du parasite qu'on veut éliminer.

13 La formation du sol et sa gestion

I Étude de l'organisation du sol et de sa formation

1 Les éléments constituant le sol

■ Le sol est une mince couche de quelques centimètres à quelques dizaines de centimètres d'épaisseur, formé au cours de très longues périodes géologiques. C'est la couche superficielle, meuble, de la croûte terrestre, obtenue à l'issue de la transformation de la **roche mère** enrichie par des apports organiques.

■ Le sol constitue une structure où s'interpénètrent plusieurs compartiments : la biosphère, la lithosphère, l'hydrosphère et l'atmosphère. Il est l'association de la litière, de l'humus et de la couche minérale.

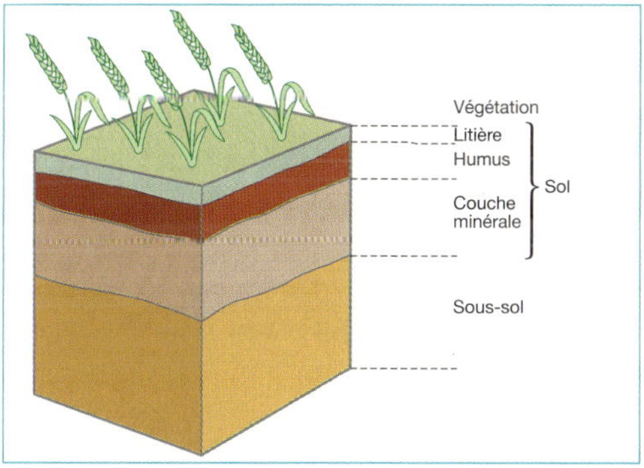

Doc. 1. Coupe de sol.

– La **litière** est l'ensemble des feuilles mortes et débris végétaux recouvrant le sol des forêts et des jardins et en décomposition.

– La matière organique, essentiellement formée de débris végétaux et animaux plus ou moins transformés est ce que l'on appelle l'**humus**. Il existe plusieurs sortes d'humus (mor, moder, mull) caractérisés par leur acidité ou l'importance de l'accumulation des matières organiques.

– La **couche minérale** est composée principalement de constituants minéraux (sable, argile, etc.), et de la « solution du sol » formée d'eau et d'ions minéraux.

■ Les éléments d'origine minérale proviennent de l'altération du sous-sol, et les éléments d'origine organique, en grande partie végétale, de l'activité biologique des végétaux enracinés dans le sol et des animaux qu'il héberge.

Certains sols contiennent des argiles, ce qui confère à ces sols des propriétés en relation avec la très petite taille des particules argileuses, leurs structures en feuillets et leur charge négative. Les **argiles** se forment à l'issue de **l'hydrolyse** (réaction chimique d'un corps fixant les éléments de H_2O et donnant de nouveaux composés) des minéraux silicatés (ex. : micas, feldspaths…).

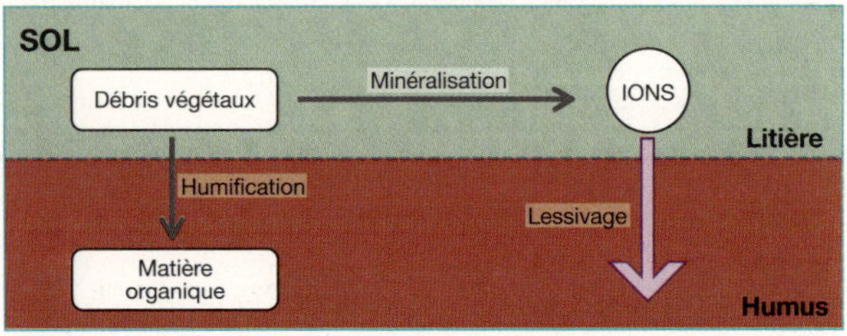

Doc. 2. Formation de l'humus à partir des débris végétaux et animaux.

➲ **Minéralisation** : C'est la libération des éléments chimiques figurant dans les divers composés organiques (carbone, azote, oxygène…) de la litière sous la forme de diverses substances minérales. Les acteurs de cette minéralisation sont les organismes décomposeurs, bactéries et champignons.

➲ **Lessivage** : C'est le fait que les eaux d'infiltration entraînent vers le bas des substances solubles et donnent ainsi un horizon de lessivage ou horizon d'accumulation (cf. doc. 2).

➲ **Humification** : Processus très lent (2 à 3 ans) au cours duquel certaines bactéries transforment des substances peu assimilables par les organismes détritivores en d'autres molécules organiques qui vont former l'humus.

2 La formation et l'évolution du sol

■ La formation du sol

Le sol se forme en trois étapes :

– altération de la roche mère ;

– incorporation de la matière organique par **minéralisation de molécules organiques et humification** ;

– différenciation des **horizons** sous l'action des **eaux d'infiltration** au cours d'un **lessivage modéré**. Les éléments solubles sont entraînés et viennent s'accumuler pour former des horizons d'accumulation.

➲ On appelle **pédologie** l'étude des sols et **pédogenèse** la formation et l'évolution des sols.

Il existe un très grand nombre de types de sols qu'on peut regrouper en sols non évolués, peu évolués et évolués. C'est le profil pédologique et leur texture pédologique qui caractérisent les différents types de sol.

Le sol est le résultat d'une longue interaction entre les roches et la biosphère sous l'action de l'eau et de la température ; il présente donc une dynamique en relation avec les divers facteurs constituant son milieu. Cependant, au bout d'un certain temps, un état d'équilibre est atteint avec le climat et la végétation.

■ L'évolution du sol

L'épaisseur du sol (quelques centimètres dans les régions arides) peut atteindre plus de cent mètres dans certaines régions équatoriales. Sous l'action du climat et de l'activité humaine, le sol est en constante évolution.

Mis en place à l'issue de milliers d'années, c'est une ressource **non renouvelable** à l'échelle des temps d'une vie d'homme. Les sols représentent une interface et un support indispensable et fragile.

➲ Avant que le Sahara soit un désert, il fut, dans un lointain passé, une forêt vierge !

3 Exemple d'un sol évolué, le podzol

Le **podzol** est le sol des régions tempérées froides, Russie, Canada, Scandinavie. En France, on trouve ce type de sol dans les Landes, les Vosges, sous les forêts de conifères.

Deux conditions sont indispensables pour la formation d'un podzol. Un climat humide et pluvieux provoquant un lessivage des éléments minéraux et des colloïdes (humus). Il faut aussi que le sol contienne beaucoup de cailloux ou bien que les sables aient une structure granulométrique grossière.

Pour déterminer quels sont les végétaux présents lors de l'évolution et de la mise en place d'un podzol au cours des périodes géologiques, il faudrait faire une **analyse pollinique** à partir de plusieurs échantillons de sol prélevés tout le long de son profil pédologique.

On pourrait ainsi constater une évolution des espèces végétales au cours de la formation du sol.

L'évolution du podzol est liée à la formation d'humus caractérisé par une faible activité biologique, ce qui ralentit beaucoup les processus de **biodégradation de la litière**, de minéralisation et d'humification.

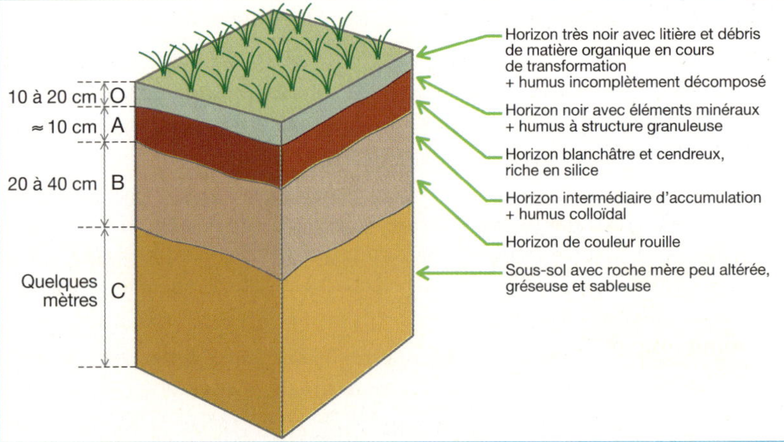

Doc. 3. Profil théorique d'un podzol.

Après son apparition, le sol se différencie en couches superposées ou **horizons pédologiques** formant **le profil pédologique**. Dans le document 3, ce sont les mouvements de matière depuis A ou l'altération de la roche (C) qui forment les horizons B.

II Les fonctions du sol et les facteurs à l'origine de sa dégradation

1 Les rôles du sol

■ Le sol porte les végétaux. C'est là que les végétaux supérieurs s'enracinent pour y puiser l'eau et les ions minéraux. C'est aussi **le lieu de vie** pour de nombreux animaux. Le sol héberge donc la faune et la flore ainsi que des bactéries et des champignons. La circulation de l'air est indispensable pour la vie des animaux et des racines des végétaux.

Les bactéries vivant dans les nodules des racines de légumineuses (luzerne, soja…) **fixent l'azote** atmosphérique car elles transforment l'azote gazeux de l'air en ions ammonium ou nitrate dans les nodules.

■ C'est dans le sol qu'un grand nombre de substances comme l'azote et le carbone sont **filtrés** et transformés. **Le sol a donc une fonction de filtre.**

■ Le sol contient deux fois plus de carbone que les forêts et ainsi **constitue le plus grand puits de carbone terrestre. Le sol a donc une fonction de réservoir de carbone.**

2 La dégradation du sol

■ Un sol résulte d'une formation très lente en trois étapes et, **pour reconstituer un sol dégradé, des centaines, voire des milliers d'années, sont nécessaires**. Les sols dégradés sont répartis dans le monde entier, le document 4 nous montre leurs localisations.

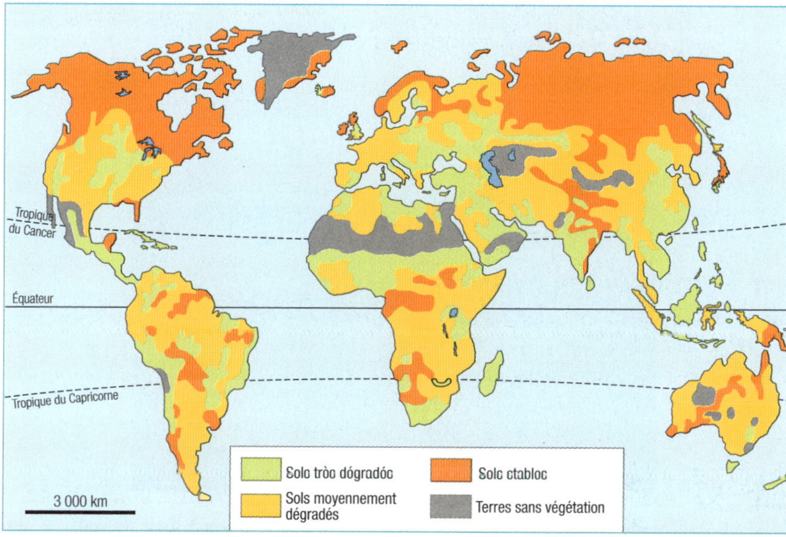

Doc. 4. Répartition des sols dégradés dans le monde.

On remarque que les sols stables sont situés surtout dans les régions septentrionales et que la surface des sols très dégradés en Europe est plus localisée dans les pays d'Europe de l'Est.

■ Sous l'action des pluies, les couches superficielles du sol peuvent être dégradées. On parle alors d'**érosion des sols.** On a estimé à un milliard d'hectares la surface concernée par l'érosion. Parfois des pluies violentes, longues et répétées provoquent un ruissellement intense, ce qui détermine la disparition de la couche superficielle des sols. Cette couche fragile est la plus fertile.

Il faut aussi rappeler qu'un sol nu, sans couvert végétal, forestier ou cultures agricoles devient extrêmement sensible à l'érosion par la pluie ou par le vent dans des régions au climat chaud.

■ Les facteurs à l'origine de la dégradation des sols sont aussi multiples. Ces facteurs résultent le plus souvent des activités humaines, comme l'agriculture intensive, la déforestation (doc. 5), le surpâturage.

■ Beaucoup de sols sont épuisés par :

– la **surexploitation** : la capacité des sols à reconstituer leurs réserves ne compense pas le prélèvement de matières nutritives dû à l'agriculture ;

– des **techniques agricoles** mal adaptées comme l'utilisation massive des pesticides et d'engrais.

■ Dans certains pays, le sol est parfois vidé d'une partie de sa matière organique par la culture intensive de certaines céréales (soja, maïs), ce qui détermine une perte de fertilité du sol.

Doc. 5. Déforestation par brûlis, pour mise en culture, Sud Mexique. On appelle déforestation le phénomène de diminution des surfaces recouvertes par les forêts. Actuellement, c'est surtout en zone tropicale qu'elle est importante.

3 Un enjeu majeur pour l'humanité

■ Quel que soit le type de dégradation affectant le sol, il y a une perte de la biodiversité puisque la plus grande partie de la biodiversité terrestre vit dans le sol. Les dégradations du sol font aussi baisser la fertilité de la terre qui peut même devenir, dans certaines situations, impropre à toute culture. Le sol étant une **ressource limitée**, il constitue un enjeu majeur pour l'humanité, c'est la raison pour laquelle il y a une mise en place de politiques européennes afin d'assurer la **conservation de sols sains** pouvant subvenir aux besoins des populations et des écosystèmes.

■ Cette stratégie a pour but plusieurs objectifs : intégrer les problèmes relatifs au sol dans les autres politiques de protection de l'environnement ; préserver les fonctions du sol ; recenser les zones prioritaires et établir des programmes d'action en vue de prévenir les menaces pesant sur le sol ; recenser et assainir les zones contaminées.

SCHÉMA BILAN

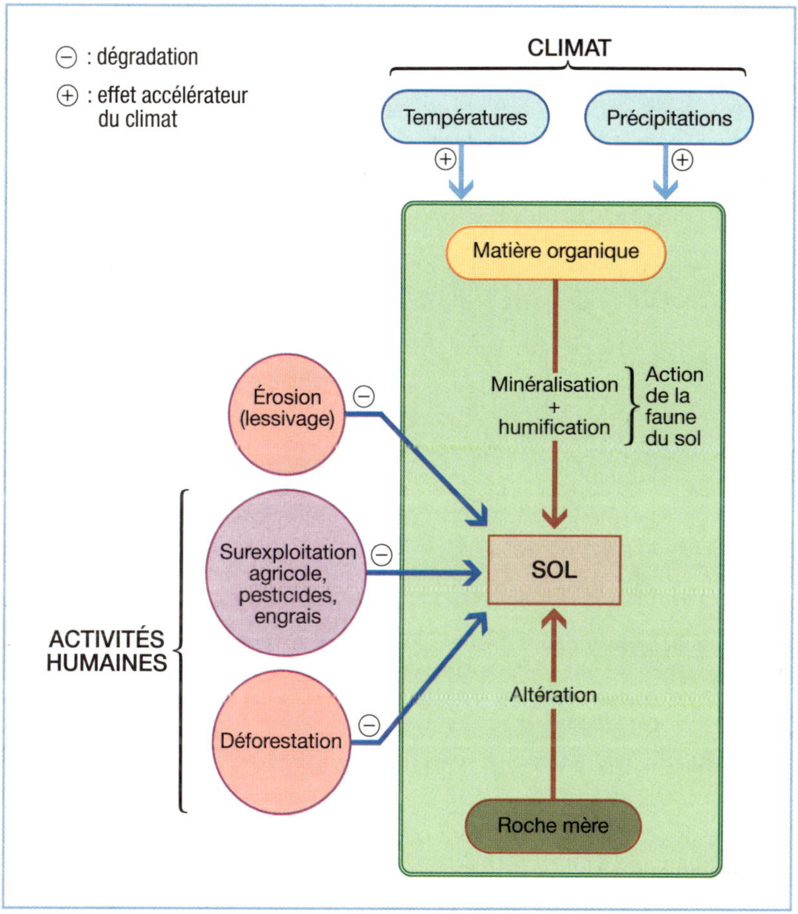

Doc. 6. La formation du sol et les facteurs perturbant son équilibre.

Le sol est le résultat d'une double action :

– d'une part la dégradation de la matière organique (par la minéralisation, humification et l'action de la faune du sol) sous l'effet du climat (variation de la température et des précipitations) ;

– d'autre part l'altération de la roche mère.

Propriétés du sol

■ Les propriétés principales des sols sont leur texture, leur structure, leur porosité, leur perméabilité, leur capacité de rétention en eau et leur pouvoir absorbant.

■ La **structure** est la façon dont sont agencés les constituants, les uns par rapport aux autres. Parfois des agrégats de sable et de complexe argilo-humique (cf. doc. 7) peuvent être assemblés de façon plus ou moins fragmentée.

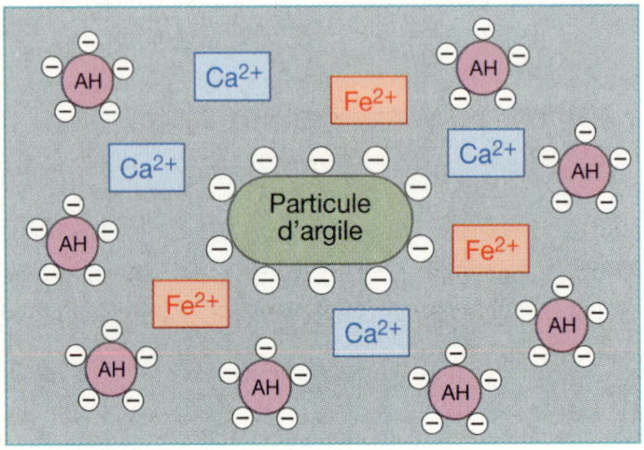

Doc. 7. Complexe argilo-humique. La floculation des complexes argilo-humiques (AH) détermine l'agglomération des autres constituants fins du sol (sables, limons).

➲ La floculation est la précipitation d'une solution chimique dans laquelle on voit apparaître des éléments sous la forme de flocons.

■ La **porosité** est le volume total des espaces laissés libres entre les agrégats ou les particules solides. Elle détermine la circulation de certains animaux, de l'eau et des gaz dans le sol.

■ La **perméabilité** du sol est sa capacité à laisser passer l'eau vers les couches inférieures ; elle dépend de sa structure.

■ La **capacité de rétention en eau** est la quantité d'eau retenue par le sol. Elle peut être soit utilisable par les plantes, soit liée à des particules solides par des forces physiques s'opposant à cette utilisation.

■ Le **pouvoir adsorbant** est la capacité à fixer des ions et à faciliter le passage de ces ions de l'humus aux racines des plantes, et cela, par la création de complexes argilo-humiques, ou complexes adsorbants fixant des ions positifs apportés par les engrais. La présence de ces complexes adsorbants dans le sol représente un facteur essentiel de sa fertilité.

■ La **texture** est la composition granulométrique du sol, c'est-à-dire la proportion de chacun de ses constituants solides de tailles différentes (argiles, sables, graviers…). Le diamètre de ces particules détermine la texture du sol. Les particules trouvées dans le sol sont l'argile, le limon, le loess (limon quaternaire éolien, propagé par le vent dans les forêts des montagnes et contenant 70 à 80 % d'argile), le sable, les graviers.

Le tableau ci-dessous indique le comportement de ces sols lorsqu'ils sont majoritaires en l'un de ces composants et qu'ils contiennent 20 % d'eau.

	Argile	Limon	Sable	Graviers
Diamètre	2 microns	2 à 63 microns	63 microns à 2 mm	Supérieur à 2 mm
Comportement vis-à-vis de l'eau avec 20 % d'eau	Sol argileux sec	Sol limoneux humide	Sol sableux mouillé	

Doc. 8. Relation entre le comportement vis-à-vis de l'eau et le diamètre des composants. On remarque qu'en fonction de leurs différentes textures, ces sols ont des capacités de rétentions d'eau différentes. En effet, la perméabilité diminue avec le diamètre des grains.

Vérifier ses connaissances

Dans les exercices 1 à 4, relevez les affirmations exactes et corrigez celles qui sont inexactes.

1 Un sol est :

a. une pellicule d'altération recouvrant un sédiment.

b. une pellicule d'altération recouvrant une roche.

c. le résultat d'une longue interaction entre les roches et l'atmosphère sous l'action de l'eau et de la pression.

d. le résultat d'une longue interaction entre les roches et la biosphère sous l'action de l'eau et de la température. corrigé p. 173

2 Le sol est une ressource :

a. non renouvelable à l'échelle des temps d'une vie d'homme.

b. renouvelable à l'échelle des temps d'une vie d'homme.

c. renouvelable à l'échelle des temps géologiques.

d. non renouvelable à l'échelle des temps géologiques. corrigé p. 173

3 Sous l'action du climat et de l'activité humaine :

a. le sol est en évolution.

b. le sol n'évolue pas.

c. le sol est constamment modifié.

d. le sol n'est pas modifié. corrigé p. 173

4 Les facteurs à l'origine de la dégradation des sols sont multiples.

a. Ces facteurs ne résultent jamais des activités humaines.

b. Ces facteurs résultent le plus souvent des activités humaines.

c. Ces facteurs résultent de l'agriculture intensive, la déforestation, le surpâturage.

d. Ces facteurs ne résultent ni de l'agriculture intensive, ni de la déforestation mais du surpâturage. corrigé p. 173

S'entraîner

5 Les vers de terre, ingénieurs de l'écosystème du sol

Les vers de terre, ingénieurs de l'écosystème du sol

Le concept d'ingénieurs de l'écosystème, développé en 1994, concerne des animaux qui, par leurs activités, modifient physiquement les propriétés de leur environnement et donc les conditions de vie des espèces avoisinantes. L'exemple extrême étant celui du castor qui, à partir d'un petit cours d'eau, peut créer un lac de plusieurs hectares. De manière moins spectaculaire, les vers de terre (appelés lombriciens) par leurs activités (enfouissement de la matière organique et création de galeries) exercent dans le sol une influence importante sur certains phénomènes (transfert d'eau, de gaz), chimiques (cycle du carbone et de l'azote) et biologiques (interactions avec les autres composantes de l'écosystème du sol). [...] Cependant, si le ver bénéficie d'une image positive auprès des agriculteurs et du grand public, son rôle, vraisemblablement complexe, dans la fertilité des sols, reste non entièrement élucidé. Certains sols canadiens en sont dépourvus et ont pourtant des rendements similaires à ceux de sols équivalents en Europe.

Source : *Le Sol*, dossier de l'INRA, 2009.

1. Citez les rôles des vers de terre dans l'écosystème du sol.
2. Expliquez leur rôle dans les transferts d'eau et de gaz.
3. Précisez si la présence des vers de terre est indispensable pour la fertilité d'un sol. Justifiez votre réponse.

▸ corrigé p. 173

Problème

6 Variation de la genèse des sols

La genèse des sols ou pédogenèse n'est pas identique partout à la surface de la planète. Un certain nombre de paramètres interviennent au cours de sa formation. Le graphique ci-après montre les conditions dans lesquelles se forment les principaux types de sols.

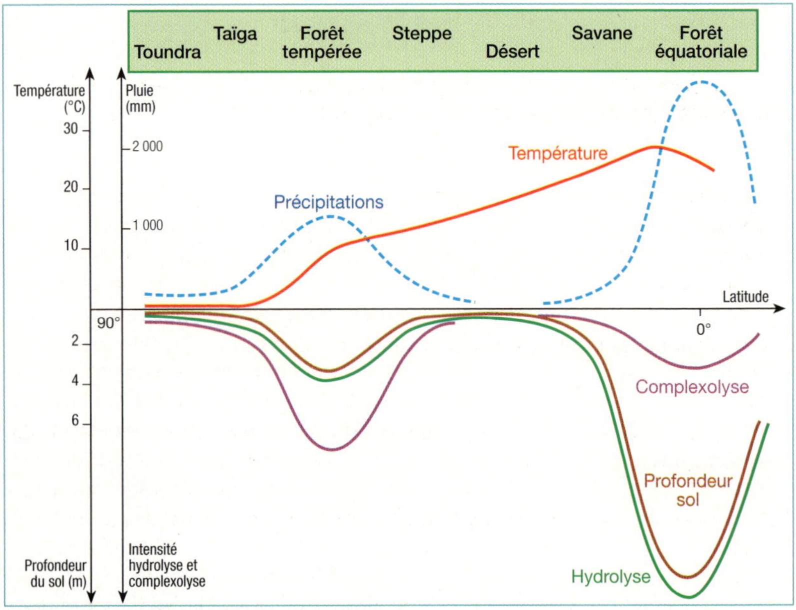

Doc. 9. Pédogenèse suivant la latitude.

1. À partir de vos connaissances et des informations saisies à partir du graphique, indiquez les facteurs intervenant dans la pédogenèse.
2. Précisez comment varient la température et les précipitations à la surface du globe.
3. Indiquez les conséquences de ces variations sur la pédogenèse.

corrigé p. 173

1 a. **Faux.** C'est une pellicule d'altération recouvrant une roche.
b. **Vrai.**
c. **Faux.** C'est le résultat d'une longue interaction entre les roches et la biosphère sous l'action de l'eau et de la température.
d. **Vrai.**

2 a. **Vrai.**
b. **Faux.**
c. **Vrai.**
d. **Faux.**

3 a. **Vrai.** Le sol est en constante évolution.
b. **Faux.**
c. **Vrai.**
d. **Faux.** L'activité humaine et le climat le font évoluer, ce qui entraîne des modifications.

4 a. **Faux.** Ces facteurs résultent le plus souvent des activités humaines.
b. **Vrai.**
c. **Vrai.**
d. **Faux.** Ces facteurs résultent de l'agriculture intensive, de la déforestation et du surpâturage.

5 1. Les vers de terre exercent une influence importante sur les transferts d'eau, de gaz, le cycle du carbone et de l'azote, et ils ont des interactions biologiques avec les autres composantes de l'écosystème du sol.
2. Comme ils ont des activités d'enfouissement de la matière organique et qu'ils creusent des galeries dans le sol, l'eau et les gaz peuvent ainsi plus facilement circuler.
3. La présence des vers de terre n'est pas indispensable pour la fertilité d'un sol. En effet, au Canada, certains sols en sont dépourvus et ont cependant des rendements similaires à ceux de sols équivalents en Europe.

6 1. Ce sont les précipitations, la température et la nature de la roche mère.
2. Elles varient en fonction de la latitude. Précipitations et températures moyennes en région tempérée et fortes températures et précipitations en région équatoriale.
3. La profondeur du sol varie avec la latitude. C'est à l'équateur que l'hydrolyse est la plus importante, que le sol est le plus profond et que la complexolyse est moyennement intense. En milieu désertique où il ne pleut pas et où la température est très élevée, le sol n'est pas profond et l'intensité de l'hydrolyse et de la complexolyse est très faible.

14 Le métabolisme énergétique et les modifications des paramètres physiologiques au cours de l'effort

I Variation de consommation de dioxygène et de nutriments

1 Au repos

- La **respiration** se déroule au sein de toutes les cellules de l'organisme. C'est un ensemble de réactions chimiques au cours desquelles les nutriments énergétiques glucidiques sont dégradés en présence du dioxygène apporté par l'air inspiré.
- La respiration est une oxydation au cours de laquelle se forment de la vapeur d'eau, un déchet gazeux respiratoire, le dioxyde de carbone et de l'**énergie** disponible pour toutes les réactions cellulaires.

$$C_6H_{12}O_6 + 6\ O_2 \rightarrow 6\ CO_2 + 6\ H_2O + E$$

E : énergie libérée

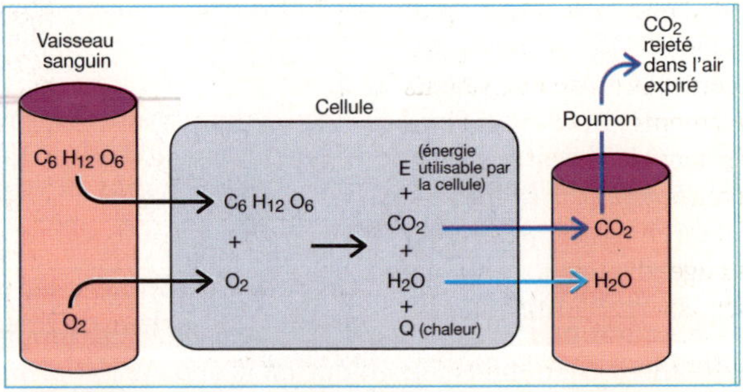

Doc. 1. Respiration cellulaire.

2 Lors de l'activité physique

■ La **consommation de dioxygène** et la **fréquence cardiaque** varient au cours de l'effort.

On a réalisé un enregistrement avec une élève de 16 ans, mesurant 162 cm et pesant 50 kg, fournissant un effort d'intensité croissante. L'effort consiste en une série de montées sur une marche dont la hauteur augmente à chaque minute (step-test). Le logiciel indique la fréquence des montées afin que le sujet produise un exercice d'une puissance donnée (20, 35, 50, 65 watts).

On remarque que plus l'effort est intense et plus la consommation de dioxygène et la fréquence cardiaque augmentent. Mais il existe une limite de consommation de dioxygène, c'est la VO_2 max.

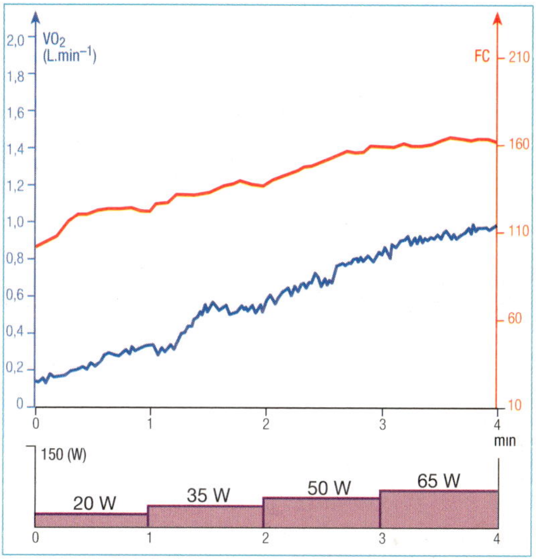

Doc. 2. Évolution de VO_2 et FC en fonction de l'intensité de l'effort. On appelle fréquence cardiaque (FC), le nombre de battements cardiaques par minute.

■ Au cours de l'effort, l'activité des fibres musculaires est aussi plus importante. Plus l'effort est important, plus la **consommation de nutriments** (glucose) augmente. En effet, les fibres musculaires sont des cellules spécialisées qui consomment davantage de dioxygène et de glucose et produisent ainsi davantage d'énergie chimique ou ATP (adénosine triphosphate).

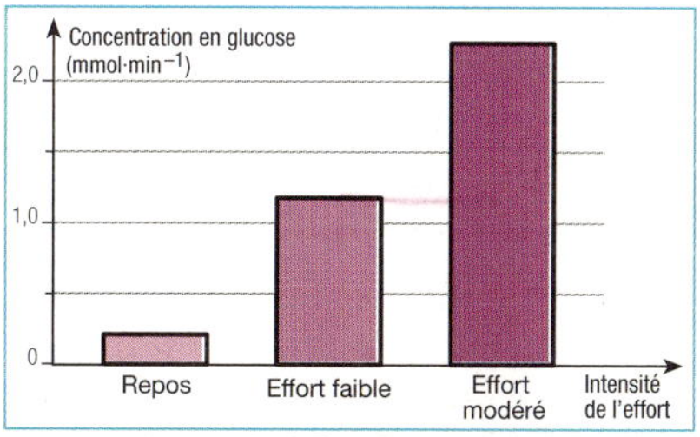

Doc. 3. Quantité de glucose prélevé par les muscles dans différentes conditions.

L'augmentation de l'activité musculaire détermine une augmentation de la consommation en dioxygène jusqu'à ce qu'un maximum soit atteint. C'est la VO_2 max.

Les cellules musculaires possèdent du glycogène constituant des réserves glucidiques. Le **glycogène** est une macromolécule constituée de l'assemblage d'un grand nombre de molécules de glucose. Lorsque l'activité physique est plus intense, les cellules musculaires utilisent davantage les réserves de glycogène pour produire de l'énergie et « brûlent » aussi les réserves lipidiques (graisses).

C'est la raison pour laquelle l'exercice physique constitue l'un des moyens pour lutter contre **l'obésité.**

$$\text{glycogène} \xrightarrow[\text{glycogénolyse}]{} n\ \text{glucose}$$

II Variation des paramètres physiologiques au cours de l'effort

1 Modification des paramètres respiratoires

■ Au cours de l'effort, les échanges gazeux entre l'air des alvéoles et le sang sont plus importants. La ventilation pulmonaire participe à cet échange en assurant, par la succession des inspirations et des expirations, le renouvellement de l'air dans les poumons. Un **cycle respiratoire** est constitué d'une inspiration suivie d'une expiration. On appelle fréquence respiratoire le nombre de cycles respiratoires par minute.

■ Au cours de chaque cycle respiratoire, un volume d'air est utilisé, c'est le volume courant ; il peut être soit un volume d'air entrant (volume d'air inspiré) soit un volume d'air sortant (volume d'air expiré). Au cours de l'effort, lorsque l'activité musculaire est plus intense, le volume courant, la fréquence et le débit respiratoire augmentent.

Débit respiratoire = Fréquence respiratoire × Volume courant

2 Modification des paramètres cardiaques

Le sang est mis en mouvement dans les vaisseaux par les contractions rythmiques du muscle cardiaque. Le **débit cardiaque** est le produit de la fréquence cardiaque par le volume de sang éjecté à chaque contraction. Lorsque l'intensité de l'effort augmente, la fréquence cardiaque, le débit cardiaque et la puissance des contractions cardiaques augmentent.

Par l'augmentation de la puissance des contractions, un plus important volume sanguin est expulsé dans les artères. On remarque donc que la modification de ces paramètres est en relation avec la structure et l'organisation du cœur.

III L'organisation du cœur et la circulation du sang

1 Le cœur, un organe creux comportant quatre cavités

■ Le **cœur** est un muscle creux possédant une **symétrie bilatérale**. Il présente deux parties droite et gauche, chacune constituée d'une oreillette et d'un ventricule, qui sont en communication et qui sont séparés par des **valvules auriculo-ventriculaires**. Les deux parties sont séparées par une cloison interventriculaire formant une zone du muscle cardiaque ou myocarde.

■ Le sang circule dans les vaisseaux. Dans les **veines**, circule le sang provenant des organes et allant vers le cœur. Les veines (veines caves et veines pulmonaires) sont en communication avec les oreillettes. Dans les **artères**, circule un sang provenant du cœur et allant vers les organes. Les artères (artère aorte et artère pulmonaire) sont en communication avec les ventricules. À la base des troncs artériels se trouvent les **valvules artérielles** ou **sigmoïdes**.

Le cœur possède sa propre vascularisation qui est assurée par les **vaisseaux sanguins coronaires** (disposés en couronne autour du cœur).

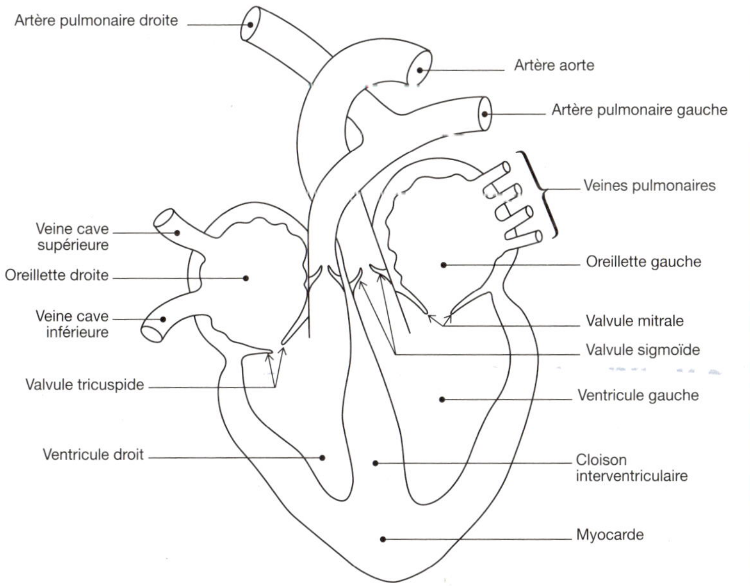

Doc. 4. Organisation interne du cœur.

2 Remplissage du cœur

■ Le cœur est une pompe musculaire à l'origine de la circulation du sang dans l'organisme. Lorsque la paroi du muscle cardiaque (myocarde) se contracte, le sang est mis sous pression. En fonction de la pression exercée par le sang, les valvules, membranes passives, s'ouvrent ou se ferment et imposent un sens unique de circulation au sang.

■ L'enchaînement d'une phase de contraction (systole) et d'une phase de relâchement (diastole) constitue le **cycle cardiaque** appelé aussi **révolution cardiaque** (doc. 5). Lorsque le muscle cardiaque est tout à fait relâché, les valvules auriculo-ventriculaires étant ouvertes, les valvules artérielles fermées, les cavités cardiaques se remplissent de sang, c'est la **diastole générale**. Le remplissage des ventricules se termine lorsque les oreillettes se contractent : c'est la **systole auriculaire**.

3 Propulsion du sang dans le système circulatoire

■ Pendant que les oreillettes se relâchent (**diastole auriculaire**), les ventricules se contractent, c'est la **systole ventriculaire**. Alors que les valvules auriculo-ventriculaires sont fermées, les valvules artérielles sont ouvertes, le sang peut ainsi être propulsé dans les artères. Les ventricules se relâchent ensuite. C'est la **diastole ventriculaire**. Puis un nouveau cycle recommence.

■ C'est l'organisation du cœur qui détermine le trajet du sang. Le débit cardiaque se mesure en litres par min ($L \cdot min^{-1}$) ; on le calcule par la formule :

Débit cardiaque = Fréquence cardiaque × Volume d'éjection systolique

où la fréquence cardiaque se mesure en nombre de battements par minute ($batt \cdot min^{-1}$) et le volume d'éjection systolique en litres par minute ($L \cdot min^{-1}$).

4 L'apport préférentiel de dioxygène aux muscles en activité

■ **Disposition en parallèle de la circulation générale**

Le sang riche en dioxygène provient des poumons. Il circule ensuite dans les veines pulmonaires pour arriver dans l'oreillette gauche. Il passe ensuite dans le ventricule gauche qui se contracte et l'éjecte dans l'**artère aorte**. Il va irriguer tous les organes puis revient à l'oreillette droite. Cela correspond à la **circulation générale** ou **grande circulation**.

Le sang de la circulation générale est appauvri en dioxygène. C'est le **sang veineux**. Il se sature en dioxygène au niveau des poumons.

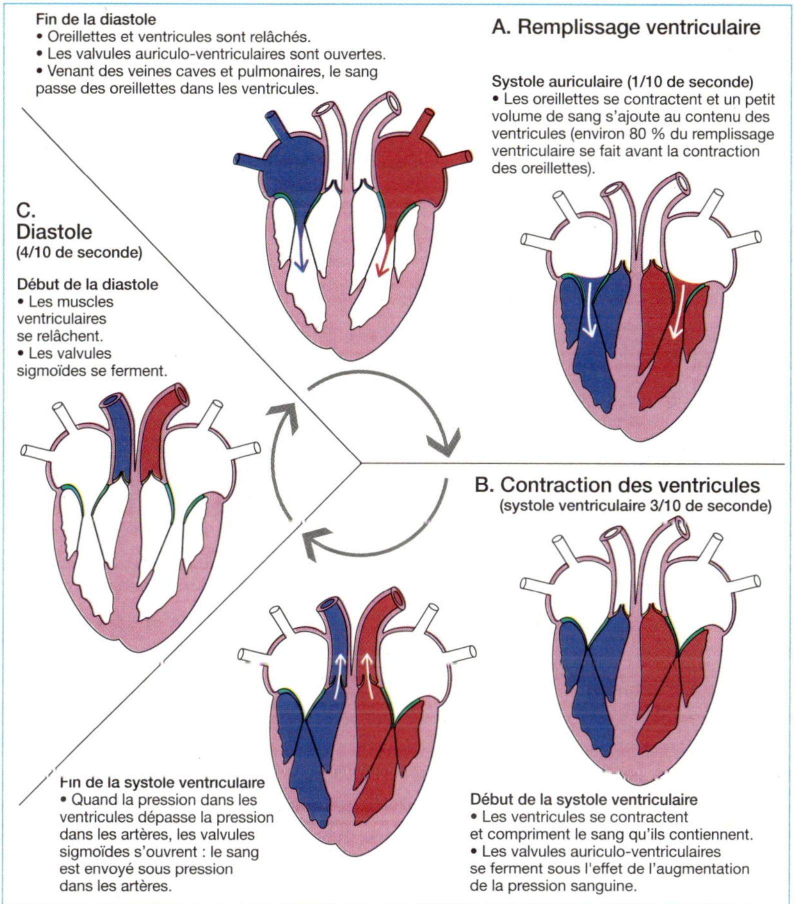

Doc. 5. Les différentes étapes d'une révolution cardiaque.

Les vaisseaux artériels, ramifications de l'artère aorte, constituant les circuits d'irrigation des divers organes sont disposés en **parallèle** (par analogie avec un circuit électrique).

Disposition en série des deux circulations

Le sang propulsé par le ventricule droit est envoyé aux poumons où il se recharge en dioxygène puis revient dans l'oreillette gauche. Cela correspond à la **circulation pulmonaire** ou **petite circulation**. Le sang de la circulation pulmonaire est saturé en dioxygène. C'est le **sang artériel**.

Comme tout le sang ayant parcouru la circulation pulmonaire passe ensuite dans la circulation générale, on dit que les deux **circulations** sont placées **en série.**

Par cette disposition en série des deux circuits, l'ensemble du volume sanguin est rechargé en dioxygène et le débit cardiaque dans le cœur droit est le même que dans le cœur gauche.

Au cours d'un effort physique, comme le débit cardiaque augmente et que les muscles reçoivent la plus grande partie du volume sanguin aux dépens des autres organes, l'irrigation des fibres musculaires est plus importante. Il y a une redistribution des débits sanguins dans les organes.

Cette organisation anatomique facilite pour les muscles l'apport privilégié en dioxygène et en nutriments.

IV Maintien constant de la teneur en dioxygène du sang artériel

1 Augmentation des débits cardiaque et ventilatoire

■ Au cours de l'effort, le débit cardiaque augmente, le débit sanguin augmente par priorité dans les muscles, ce qui permet d'accroître l'apport de dioxygène aux muscles en activité.

Comme le débit ventilatoire augmente aussi au cours de l'effort, le sang parvenant aux poumons avec un plus grand débit se sature en dioxygène. Cela assure le renouvellement de l'air alvéolaire et le maintien de sa teneur en dioxygène à un niveau suffisant pour que le sang soit saturé en dioxygène.

Comme plus le débit sanguin est important, plus le temps passé dans les capillaires est court, il est indispensable que les capillaires soient très longs afin que le sang y reste un temps suffisant pour qu'il soit saturé.

■ Le volume de dioxygène consommé par l'organisme, mesuré en millilitres par unité de temps, se calcule d'après la formule :

$$VO_2 = (CaO_2 - CvO_2) \times DC$$

où $CaO_2 - CvO_2$ (mL/L de sang) est la différence artério-veineuse et DC est le débit cardiaque en $L \cdot min^{-1}$.

2 Le couplage des activités cardiaque et respiratoire

L'augmentation synchrone du débit sanguin musculaire et du débit ventilatoire assure un apport de dioxygène en quantité suffisante pour les muscles en activité.

Le couplage des activités cardiaque et respiratoire participe à maintenir constante la teneur en dioxygène du sang artériel approvisionnant les muscles. (C'est-à-dire l'homéostasie du dioxygène dans le sang artériel.)

Pour pratiquer un exercice physique dans de bonnes conditions, il est donc indispensable d'avoir un bon état cardiovasculaire et ventilatoire.

SCHÉMA BILAN

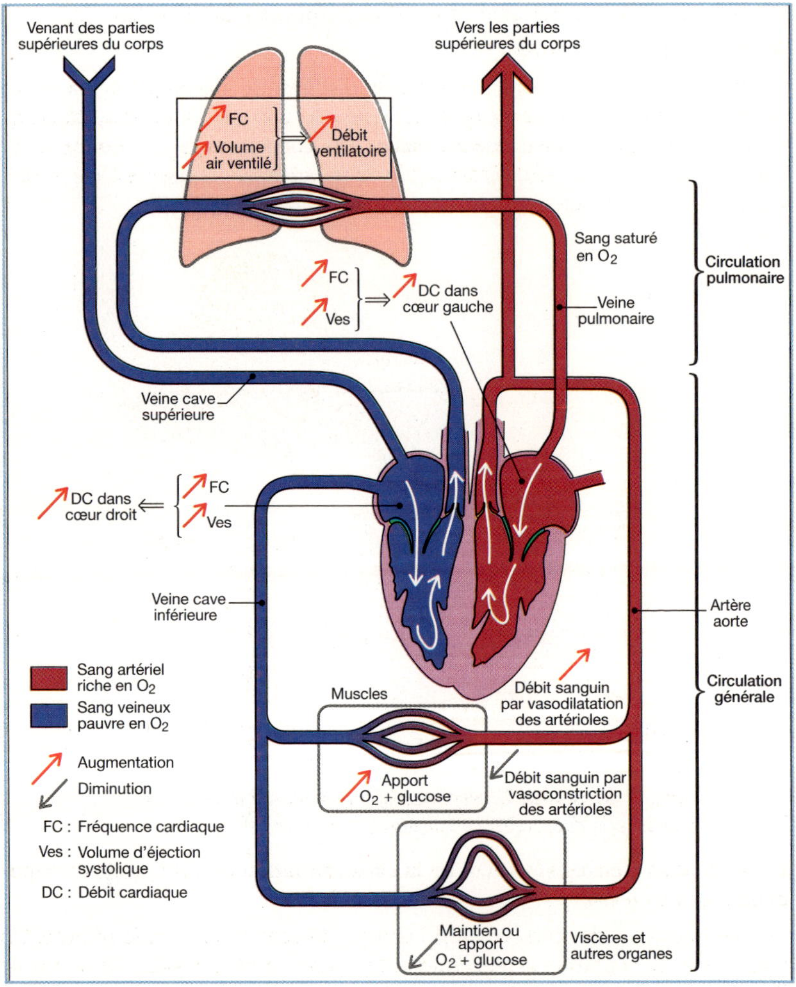

Doc. 6. Couplage entre l'activité cardiorespiratoire et l'apport de dioxygène aux muscles.

Enregistrer la consommation de dioxygène

On utilise le dispositif Exao pour enregistrer la consommation de dioxygène au repos et au cours d'un effort et suivre ainsi l'évolution de ce paramètre.

Protocole expérimental

Le débitmètre sert à mesurer le débit ventilatoire. En ajoutant une sonde ou oxymètre, on peut mesurer la quantité de dioxygène encore présent dans l'air exprimé. Le logiciel soustrait cette valeur à la concentration en dioxygène de l'air ambiant (21 %) et peut ainsi calculer la quantité de dioxygène consommée par l'organisme du sujet.

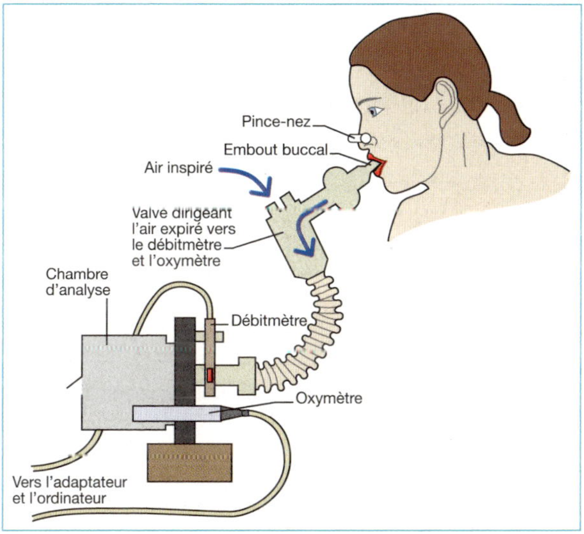

Doc. 7. Dispositif Exao d'enregistrement de la consommation de dioxygène au repos et après un effort.

Conditions d'enregistrement de la consommation de dioxygène au repos et au cours d'un effort

Le sujet respire normalement dans l'embout buccal pendant une minute. On obtient sur le graphique la consommation cumulée de dioxygène au cours de l'expérience (en bleu).

Au bout d'une minute, le sujet fournit un effort physique régulier en faisant des flexions. On obtient un histogramme (vert) qui correspond à l'intensité respiratoire.

Un **histogramme** est un moyen pour représenter d'autres données sous la forme de rectangles verticaux.

L'**intensité respiratoire** représente la quantité de dioxygène consommée par unité de temps et par unité de masse. Elle est exprimée en $L \cdot h^{-1} \cdot kg^{-1}$.

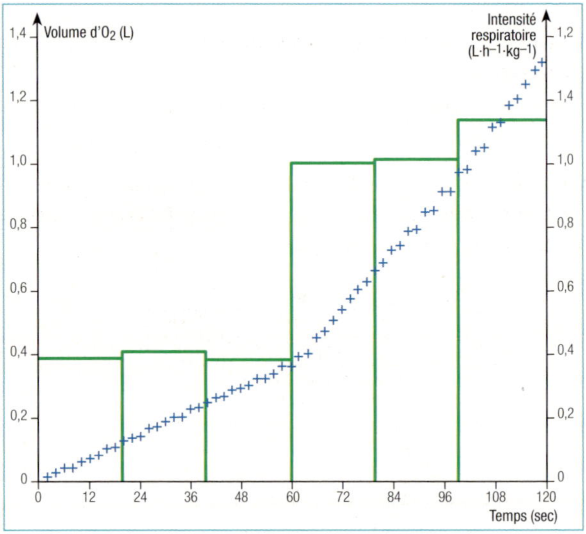

Doc. 8. Enregistrement de la consommation de dioxygène au repos et au cours d'un effort.

Le sang prélève du dioxygène dans l'air alvéolaire

Le taux de dioxygène dans l'air inspiré est de 21 %. Après chaque expiration, l'air qui reste dans les poumons est appauvri en dioxygène. L'air inspiré se mélange à cet air appauvri et est trouvé dans les alvéoles où il ne contient plus que 14 % de dioxygène.

C'est l'hémoglobine contenue dans les hématies (ou globules rouges) qui transporte le dioxygène.

$$\underset{\text{Hémoglobine}}{Hb} + O_2 \longrightarrow \underset{\text{Oxyhémoglobine}}{HbO_2}$$

Seulement quatre molécules de dioxygène peuvent se fixer par molécule d'hémoglobine. Lorsque tous les sites de fixation du dioxygène sont occupés, la molécule est dite **« saturée » en dioxygène**.

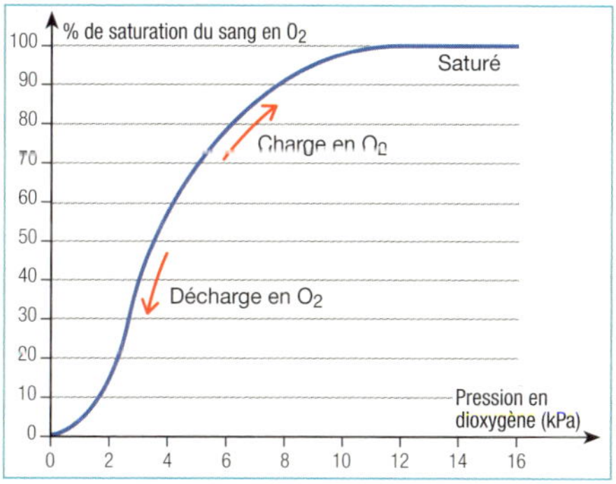

Doc. 9. Évolution de la saturation du sang en dioxygène en fonction de la pression en dioxygène.

Un volume de sang transporte une certaine quantité de dioxygène consommée par l'organisme

On peut calculer le volume de dioxygène consommé par l'organisme par unité de temps si l'on connaît les valeurs des concentrations en dioxygène du sang artériel (CaO_2) et du sang veineux (CvO_2), le débit cardiaque (DC) et si on applique la formule suivante :

$$VO_2 = (CaO_2 - CvO_2) \times DC$$

(VO_2 en $mL \cdot min^{-1}$, CaO_2 et CvO_2 en $mL \cdot L^{-1}$ de sang, DC en $L \cdot min^{-1}$)

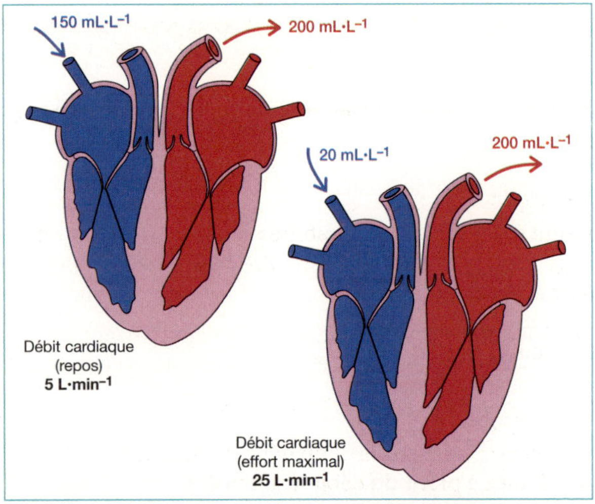

Doc. 10. Débit cardiaque et quantité de dioxygène transportée par litre de sang au repos et au cours d'un effort maximal.

En utilisant les valeurs fournies par le document ci-dessus, on peut calculer le volume de dioxygène consommé par l'organisme par unité de temps au repos et au cours d'un effort maximal.

Au repos : $VO_2 = (200 - 150) \times 5 = 250\ \text{mL}\cdot\text{min}^{-1}$.

A**u cours d'un effort maximal :** $VO_2 = (200 - 20) \times 25 = 4\ 500\ \text{mL}\cdot\text{min}^{-1}$.

Au cours d'un effort, davantage de dioxygène est prélevé par les cellules musculaires dans un même volume de sang.

Vérifier ses connaissances

Dans les exercices 1 à 6, relevez les affirmations exactes et corrigez celles qui sont inexactes.

1 Le débit respiratoire :

a. est le produit de l'intensité respiratoire par le volume courant.
b. est le produit de la fréquence respiratoire par le volume courant.
c. reste stable au cours de l'effort.
d. augmente au cours de l'effort.
e. diminue au cours de l'effort.

▸ corrigé p. 191

2 L'intensité respiratoire :

a. ne peut pas être calculée à partir du débit respiratoire.
b. peut être calculée à partir du débit respiratoire.
c. représente la quantité de dioxygène consommée par unité de temps et par unité de masse.
d. représente la quantité de nutriments consommée par unité de temps et par unité de masse.
e. n'est pas proportionnelle à la dépense énergétique.

▸ corrigé p. 191

3 Le débit ventilatoire :

a. est le produit du volume d'air inspiré ou expiré par la fréquence respiratoire.
b. reste stable au cours de l'effort.
c. augmente au cours de l'effort et permet la saturation du sang en dioxygène.
d. diminue au cours de l'effort et permet la saturation du sang en dioxygène.

▸ corrigé p. 191

4 La circulation du sang :

a. La circulation générale distribue le sang veineux aux cellules des organes disposés en série.
b. La circulation générale distribue le sang artériel aux cellules des organes disposés en série.
c. La circulation générale distribue le sang artériel aux cellules des organes disposés en parallèle.
d. La circulation générale distribue le sang veineux aux cellules des organes disposés en parallèle.
e. La circulation pulmonaire permet la saturation du sang en dioxygène.

▸ corrigé p. 191

5 Le débit cardiaque :

a. n'est pas égal à la somme des débits sanguins dans l'ensemble des organes de la circulation générale.

b. est égal à la somme des débits sanguins dans l'ensemble des organes de la circulation générale.

c. reste stable au cours de l'effort.

d. augmente au cours de l'effort et permet un apport accru de sang.

e. est le produit du volume d'éjection systolique par la fréquence cardiaque.

▸ corrigé p.191

6 Le couplage cardio-respiratoire :

a. L'augmentation de la fréquence cardiaque et du débit ventilatoire ne facilite pas l'apport de dioxygène aux muscles en activité.

b. L'augmentation de la fréquence cardiaque et du débit ventilatoire facilite l'apport de dioxygène aux muscles en activité.

c. L'augmentation des débits ventilatoire et cardiaque permet le maintien constant de la teneur en dioxygène du sang veineux approvisionnant les muscles en activité.

d. L'augmentation des débits ventilatoire et cardiaque permet le maintien constant de la teneur en dioxygène du sang artériel approvisionnant les muscles en activité.

▸ corrigé p. 191

S'entraîner

7 Consommation maximale de dioxygène

Un sportif de haut niveau court sur un tapis roulant. On augmente la vitesse par paliers ; c'est la puissance imposée.

Le sportif est équipé d'un dispositif qui permet de mesurer la consommation de dioxygène au cours de son effort. Cela constitue le test d'effort.

Le graphique ci-dessous montre l'évolution de la consommation de dioxygène au cours de ce test d'effort.

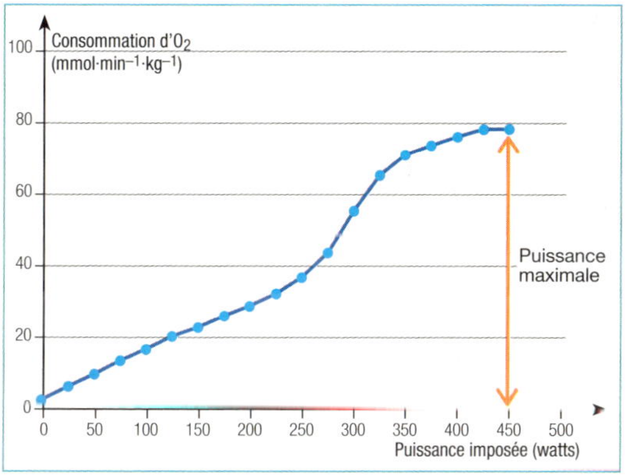

Doc. 11. Évolution de la consommation de dioxygène d'un sportif de haut niveau en fonction de la puissance imposée.

1. Précisez comment évolue la consommation de dioxygène lorsque la puissance imposée augmente.
2. Indiquez à quoi correspond au niveau physiologique le volume d'oxygène maximal ou VO_2 max.
3. Indiquez les capacités attendues chez un sportif ayant une VO_2 max élevée.

corrigé p.191

Problème

8 Évolution de la consommation de dioxygène et de la fréquence cardiaque chez un sujet

Des techniques modernes d'enregistrement à distance permettent de mesurer différents paramètres chez des sportifs et cela dans les conditions les plus proches possibles de celles d'une compétition réelle.

On a mesuré simultanément la consommation de dioxygène et la fréquence cardiaque chez un sportif après une période d'échauffement, après un effort, puis au cours d'une période de repos.

Les résultats obtenus sont consignés dans le tableau ci-dessous.

	Échauffement			Effort			Repos		
Temps (min)	0	2	4	6	8	10	12	14	16
O_2 consommé (L)	0,6	0,85	1,6	4,2	8,8	10	11,2	12,2	13
Fréquence cardiaque (batt · min^{-1})	115	120	122	180	185	190	160	155	150

Doc. 12. Consommation de dioxygène et fréquence cardiaque chez un sportif pendant une période d'échauffement, pendant un effort, puis au cours d'une période de repos.

1. Représentez par un graphique l'évolution de la consommation de dioxygène et de la fréquence cardiaque en fonction du temps.

2. Analysez les résultats.

corrigé p.191

1 a. **Faux.** b. **Vrai.** c. **Faux.** d. **Vrai.** e. **Faux.**

2 a. **Faux.** b. **Vrai.** c. **Vrai.** d. **Faux.** e. **Faux.**

3 a. **Vrai.** b. **Faux.** c. **Vrai.** d. **Faux.**

4 a. **Faux.** b. **Faux.** c. **Vrai.** d. **Faux.** e. **Vrai.**

5 a. **Faux.** b. **Vrai.** c. **Faux.** d. **Vrai.** e. **Vrai.**

6 a. **Faux.** b. **Vrai.** c. **Faux.** d. **Vrai.**

7 1. Plus la puissance imposée est importante, plus l'intensité de l'effort augmente et plus la consommation de dioxygène augmente cependant sans dépasser un maximum.

2. C'est la consommation maximale de dioxygène ou quantité maximale de dioxygène pouvant être prélevée au niveau des poumons, transportée par le sang et utilisée par les fibres musculaires par unité de temps.

3. Un sportif ayant une VO_2 max élevée sera capable de maintenir un effort de longue durée.

8 1. Voir le **document 13**.

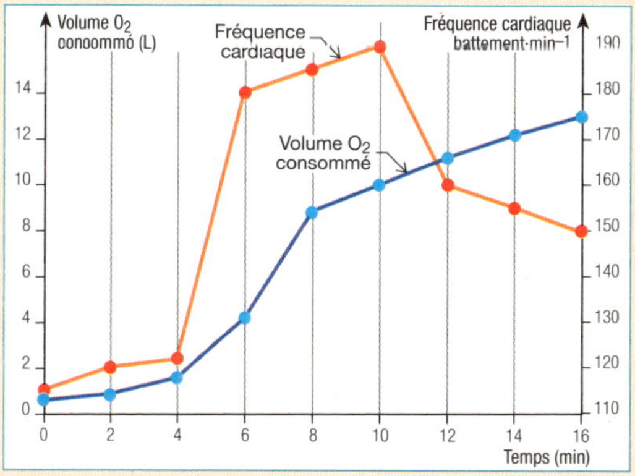

Doc. 13. Évolution de la consommation de dioxygène (en bleu) et de la fréquence cardiaque (en jaune).

2. Au cours de l'effort, la consommation en dioxygène et la fréquence cardiaque sont plus importantes que pendant l'échauffement. Pendant les 4 minutes d'échauffement, le sportif a consommé 1,6 L de dioxygène, soit une moyenne de 0,4 $L \cdot min^{-1}$ alors qu'il a consommé 8,4 L au cours de 4 minutes d'effort et 3 L au cours du repos de 4 minutes qui a suivi l'effort soit une moyenne de 0,7 $L \cdot min^{-1}$.

Sa fréquence cardiaque égale à 122 $batt \cdot min^{-1}$ au cours de l'échauffement, s'est élevée jusqu'à 190 $batt \cdot min^{-1}$ au cours de l'effort.

Au cours de l'effort, les cellules musculaires ont besoin de davantage de dioxygène, lequel est prélevé dans le milieu extérieur au cours de la respiration. C'est ce qui explique l'augmentation de la consommation de dioxygène par l'organisme.

Comme la fréquence cardiaque augmente, le débit sanguin augmente et les fibres musculaires reçoivent davantage de dioxygène.

La dégradation du glucose en présence de dioxygène fournit davantage d'énergie chimique (ATP) indispensable pour la contraction des muscles pendant l'effort.

15 Le contrôle nerveux de la fréquence cardiaque et de la pression artérielle

I Le contrôle nerveux de l'activité cardiaque et de la pression artérielle

■ Le tableau ci-dessous indique comment varient le débit cardiaque, la fréquence cardiaque et la pression artérielle au repos et en situation d'effort.

	Valeur au repos (debout)	Valeurs maximales lors d'un exercice prolongé (bicyclette)	Évolution moyenne par rapport à la valeur au repos	Observations
Débit cardiaque	5,5 L/min	20-30 L/min	+ 120 %	Augmentation proportionnelle à l'intensité de l'effort si celui-ci est modéré. Débit maximal possible amélioré par l'entraînement.
Fréquence cardiaque	72 battements par min	180-200 battements par min	+ 100 %	La fréquence au repos diminue chez le sujet entraîné. L'augmentation est proportionnelle à l'effort jusqu'à la valeur maximale.
Pression artérielle moyenne	13 kPa		+ 15 %	Augmentation très modérée en effort dynamique aérobie, plus forte en effort statique.

Doc. 1. Variation du débit cardiaque, de la fréquence cardiaque et de la pression artérielle au repos et en situation d'effort.

■ Au moment de l'effort, il y a une faible augmentation de la pression artérielle mais le débit sanguin intramusculaire, le rythme cardiaque et le volume d'éjection systolique ainsi que la quantité de dioxygène extraite augmentent davantage. Après l'effort, la pression artérielle diminue le plus souvent brutalement alors que le rythme cardiaque ne diminue que progressivement.

On veut savoir comment le système nerveux contrôle ces variations pendant et après l'effort.

II Le contrôle nerveux de l'activité cardiaque

1 Origine de l'automatisme cardiaque

Le cœur isolé de l'organisme et placé dans un milieu adapté continue à battre. Cet automatisme dépend de l'activité de cellules spécialisées auto-excitables situées dans l'oreillette droite. Ce sont les **cellules pacemaker**, elles sont à l'origine de la contraction rythmique du cœur et cela en dehors de toute stimulation nerveuse. Lorsque ces cellules sont déficientes, on pose un stimulateur cardiaque qui impose au cœur le rythme des battements (doc. 2).

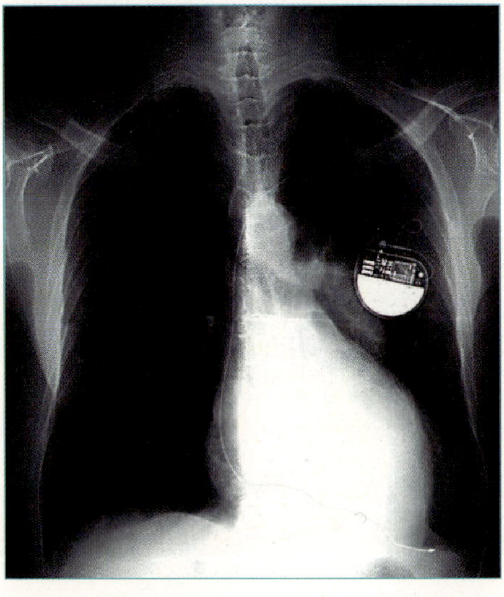

Doc. 2. Radiographie du thorax d'une personne possédant un stimulateur cardiaque. Un fil transmet au cœur les stimulations déclenchées à partir du boîtier placé sous la peau du thorax.

2 Rôle du système nerveux végétatif

■ La partie du système nerveux qui contrôle de manière involontaire les fonctions internes de l'organisme est appelée **système nerveux végétatif**. Ce système est constitué d'un ensemble de nerfs innervant les organes intervenant dans les fonctions de nutrition (organes de l'appareil digestif, respiratoire, circulatoire, urinaire, etc.).

■ Deux systèmes antagonistes, le système **parasympathique** et le système orthosympathique ou **sympathique** constituent le système nerveux végétatif.

■ Les fibres sympathiques proviennent de la moelle épinière cervico-dorsale, et du bulbe rachidien partent les fibres parasympathiques qui parviennent au cœur par le nerf pneumogastrique ou nerf vague (aussi appelé nerf X : 10e paire de nerf crâniens).

3 Rôle des nerfs dans l'activité cardiaque

■ Lorsque l'organisme fournit un effort, le rythme cardiaque augmente. Le cœur est innervé par des fibres nerveuses appartenant au système sympathique et au système parasympathique.

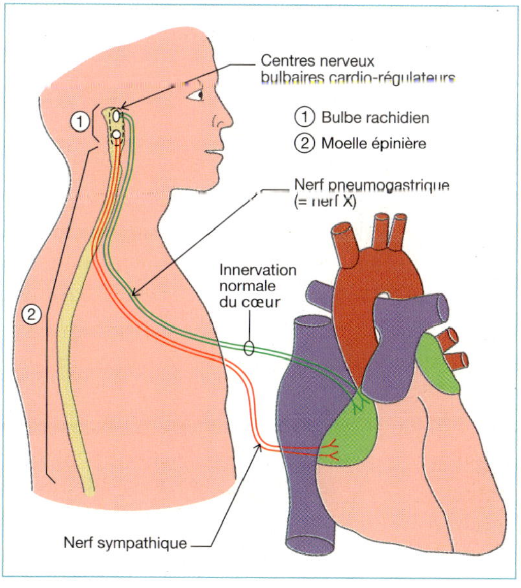

Doc. 3. Contrôle nerveux de l'activité cardiaque.

■ On a pu montrer le rôle de ces nerfs par des expériences de sections et de stimulations chez le chien. On a obtenu l'enregistrement mécanique des contractions cardiaques. C'est un **cardiogramme**.

L'enregistrement d'un électrocardiogramme permet d'étudier le rythme cardiaque par la mesure de la fréquence cardiaque (doc. 4).

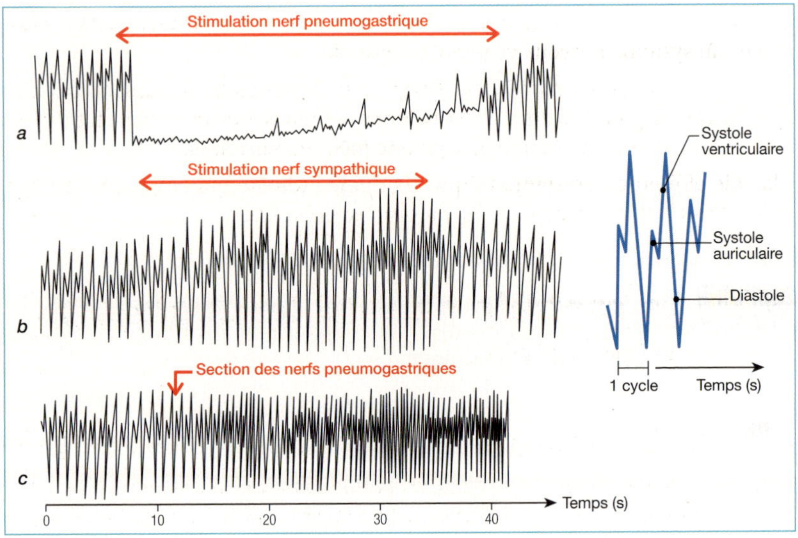

Doc. 4. Cardiogrammes obtenus chez le chien.

■ **Cardiogramme a :** Lorsqu'on stimule le nerf pneumogastrique, on remarque que la fréquence cardiaque diminue. **Cardiogramme c :** Lorsqu'on sectionne les nerfs pneumogastriques, on remarque que la fréquence cardiaque augmente. On en déduit que le **nerf pneumogastrique** est **cardiomodérateur**.

■ **Cardiogramme b :** Lorsqu'on stimule le nerf sympathique, on remarque que la fréquence cardiaque augmente. On en déduit que le **nerf sympathique** est **cardio-accélérateur**.

Des afférences du système nerveux végétatif contrôlent le rythme cardiaque.

Les nerfs sympathiques accélèrent le rythme alors que les nerfs parasympathiques (pneumogastriques) le ralentissent. Au cours d'une activité physique, une augmentation des messages nerveux est mesurée au niveau du nerf sympathique alors qu'une diminution de ces messages est mesurée dans les nerfs pneumogastriques.

➲ Le nerf sympathique innerve aussi la glande médullosurrénale qui lorsqu'elle est stimulée libère une hormone, l'**adrénaline**, ayant une fonction cardio-accélératrice.

■ Le nerf vague agit par l'intermédiaire d'une substance cardiomodératrice, l'**acétylcholine**. Adrénaline et acétylcholine sont des **neurotransmetteurs**.

Le contrôle du débit cardiaque et des résistances périphériques par les efférences du système nerveux végétatif est double :

– la voie efférente sympathique, d'origine bulbo-spinale et passant par des ganglions situés en bordure de la colonne vertébrale et innervant les parois vasculaires, le tissu cardiaque et la glande médullo-surrénale ;

– la voie efférente parasympathique, d'origine bulbaire qui emprunte le trajet du nerf X et innerve le cœur et les parois des vaisseaux.

III Le contrôle nerveux de la pression artérielle

1 Relation entre pression artérielle et débit sanguin

■ La loi de Hagen-Poiseuille correspond à une application des lois de l'hydraulique au système vasculaire. Selon cette loi, on peut établir une relation entre le débit cardiaque et la pression.

$$\Delta P = Q \times R$$

ΔP est la différence des pressions moyennes à l'entrée et à la sortie du réseau considéré. Q le débit cardiaque (fréquence × volume d'éjection systolique). R est la résistance vasculaire.

■ La pression artérielle dépend donc :

– du débit cardiaque (Q = fréquence × volume d'éjection systolique) ;

– du diamètre des artérioles (réglé par la contraction des muscles lisses de la paroi des artères et artérioles) ;

– du volume sanguin.

Lorsqu'il y a une hémorragie, la pression artérielle diminue brutalement, seule une perfusion sanguine permet un retour à la normale.

2 Rôle des barorécepteurs

■ On a vu qu'après l'effort, la pression artérielle diminue le plus souvent brutalement alors que le rythme cardiaque ne diminue que progressivement. Cette hypotension est détectée par les barorécepteurs du sinus carotidien. Le document 5 montre l'évolution de la fréquence des influx nerveux (message nerveux) en fonction de la pression dans le sinus carotidien.

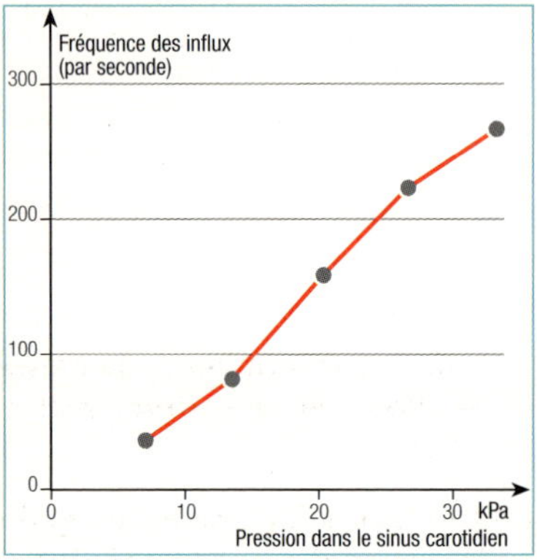

Doc. 5. Évolution de la fréquence des influx nerveux en fonction de la pression dans le sinus carotidien.

■ On remarque que plus la pression augmente dans le sinus carotidien et plus la fréquence des influx par seconde augmente. C'est la variation de la pression sanguine qui constitue le stimulus déclencheur à l'origine du message nerveux qui est codé en un train de signaux de nature électrique.

Les barorécepteurs sont des terminaisons nerveuses libres et sont situés, chez les mammifères, dans les sinus carotidiens, dans le sinus de la crosse aortique, et aussi dans la plupart des artères du cou et du thorax.

■ Ce sont des informations périphériques provenant principalement des **barorécepteurs** (récepteurs sensibles aux variations de pression sanguine) qui déterminent l'activité des centres bulbospinaux associés aux centres hypothalamiques, corticaux et cérébelleux.

3 Action du système nerveux sur la pression artérielle

■ Les nerfs intervenant dans la régulation de la pression artérielle sont les **nerfs de Cyon et Hering**. Ils innervent respectivement la crosse aortique et les sinus carotidiens. Ils apportent des informations issues des **barorécepteurs** de la crosse aortique et des sinus carotidiens et arrivent aux centres intégrateurs.

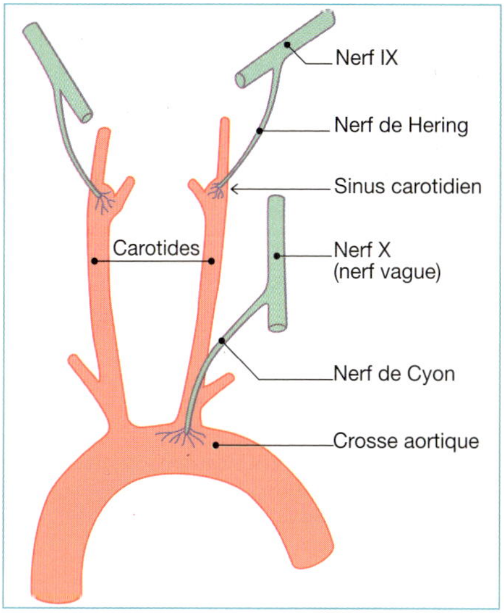

Doc. 6. Innervation de la crosse aortique et des sinus carotidicns.

■ La régulation de la pression artérielle peut se faire soit de manière rapide, soit de manière lente. Par des expériences de section des nerfs de Hering et Cyon sur un rat, on a pu mettre en évidence leur rôle dans le cas d'une régulation rapide de la pression artérielle.

4 Expériences de section sur le nerf de Hering

■ Dans l'expérience A, on remarque qu'avant la section du nerf, la pression artérielle oscille autour de 120 mm Hg. Après la section, elle passe à 200 mm Hg, on en déduit que le nerf de Hering a un effet modérateur et qu'il existe un **tonus permanent basal** dans les conditions normales.

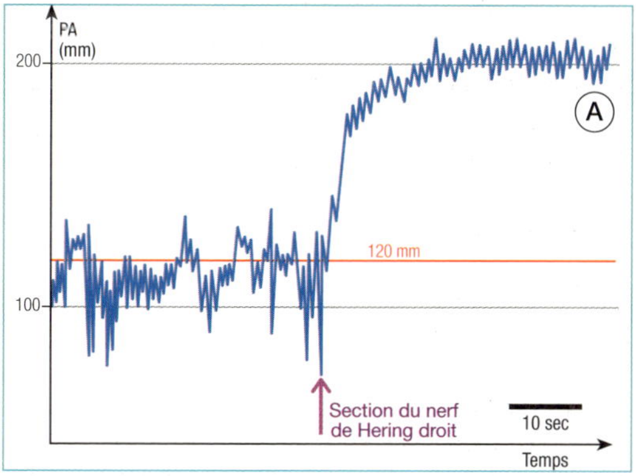

Doc. 7. Réponse après section du nerf de Hering (expérience A).

■ Dans l'expérience B, on remarque qu'après la stimulation du bout central du nerf de Hering, la pression artérielle diminue brutalement.

Cette baisse de la pression artérielle se fait par une diminution de la fréquence cardiaque. Comme le bout central est relié au bulbe rachidien et non au cœur, l'action cardiaque est indirecte.

Le **nerf de Hering** apporte des informations aux centres bulbaires, c'est un **nerf sensitif**.

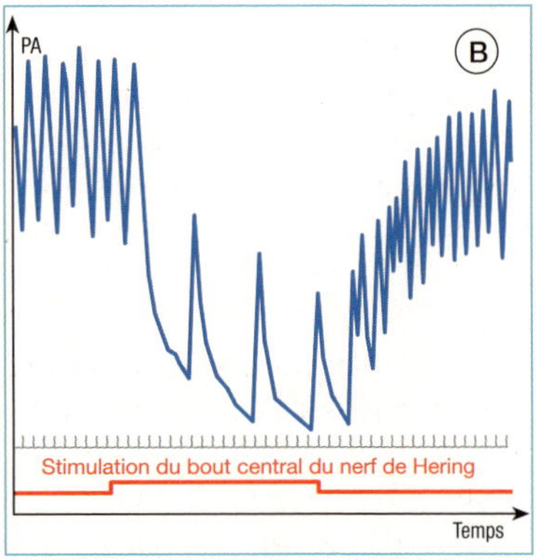

Doc. 8. Réponse après stimulation du bout central du nerf de Hering (expérience B).

5 Expériences de section sur le nerf de Cyon

■ Lorsqu'on stimule le bout périphérique d'un nerf de Cyon sectionné, cela reste sans effet. Cela s'explique par le fait que le nerf étant sectionné, la partie périphérique étant reliée au cœur, aucune information sensitive n'est apportée au système nerveux. Lorsqu'on stimule le bout central du nerf de Cyon, on obtient les résultats suivants.

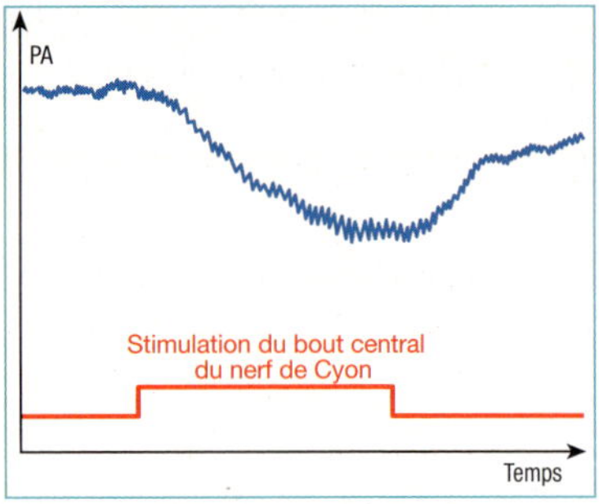

Doc. 9. Réponse après stimulation du bout central du nerf de Cyon.

■ Dans cette expérience, on remarque qu'après la stimulation du bout central du nerf de Cyon, la pression artérielle diminue. On en déduit que le **nerf de Cyon** a une **action modératrice** sur la pression artérielle.

Les nerfs de Cyon et Hering sont tous les deux sensitifs et modérateurs de la pression artérielle.

■ Lorsque la pression artérielle est perturbée, les barorécepteurs captent cette perturbation et déclenchent la naissance d'un message transmis sous la forme d'influx nerveux sensitifs vers les centres bulbaires qui vont corriger cette perturbation en modulant le tonus sympathique et le tonus parasympathique.

6 Bilan

■ Lorsque la pression artérielle augmente, les barorécepteurs artériels le détectent. Cette variation de pression artérielle constitue une perturbation, message qui est codé en influx nerveux transportés par les nerfs sensitifs de Cyon et Hering vers le centre bulbaire. De ce centre partent deux connexions, l'un vers le centre moteur parasympathique (nerf X) et l'autre vers le centre vasomoteur en relation avec la moelle dorsale sympathique.

Comme l'activation de l'une ou de l'autre de ces deux voies dépend de la variation de la pression artérielle et est de type réflexe, on dit que l'on a deux types de réflexes pour la régulation de la pression artérielle, le réflexe cardio-accélérateur et le réflexe cardiomodérateur.

■ **Le réflexe cardio-accélérateur**

Lorsque l'organisme est en état d'hypotension, les nerfs de Cyon et Hering transportent vers le bulbe rachidien, un message codé sous la forme d'une faible fréquence d'influx nerveux. Il en résultera au niveau du bulbe une inhibition du pneumogastrique et une activation du nerf sympathique ; ce qui provoquera une accélération du rythme cardiaque et une vasoconstriction déterminant une augmentation de la pression artérielle.

■ **Le réflexe cardiomodérateur**

Lorsque l'organisme est en état d'hypertension, les nerfs de Cyon et Hering transportent vers le bulbe rachidien un message codé sous la forme d'une forte fréquence d'influx nerveux. Il en résultera au niveau du bulbe une activation du pneumogastrique et une inhibition du nerf sympathique ; ce qui provoquera une diminution du rythme cardiaque et une vasodilatation déterminant une baisse de la pression artérielle.

➲ La régulation de la pression artérielle est un phénomène beaucoup plus complexe où interviennent aussi des hormones. Alors que la voie nerveuse constitue la régulation rapide, la voie hormonale constitue la régulation lente.

SCHÉMA BILAN

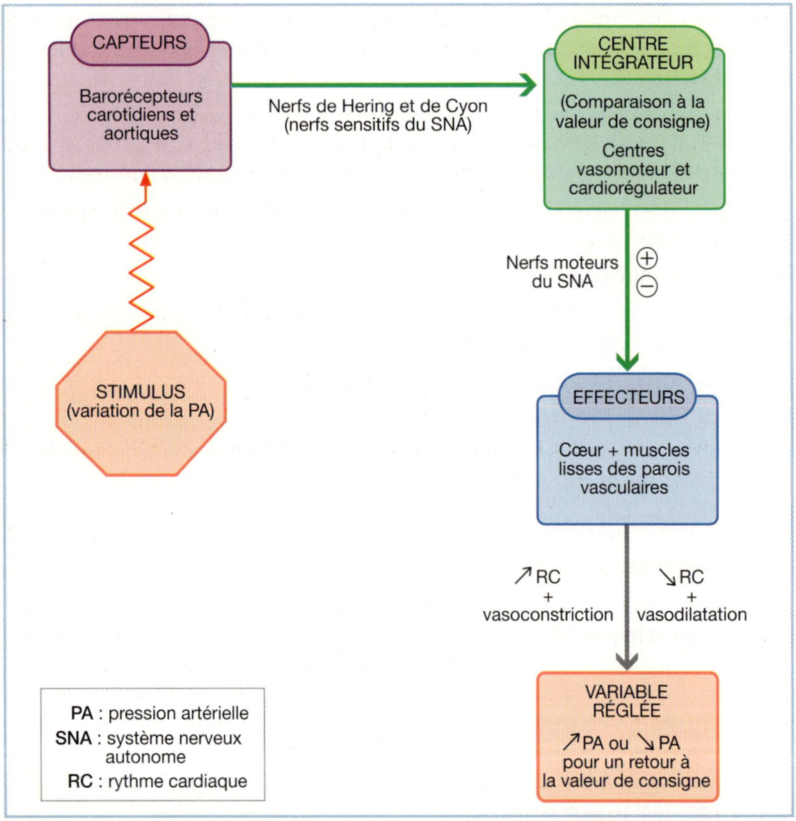

Doc. 10. Régulation de la pression artérielle. En quelques secondes, des variations brutales de la pression artérielle sont corrigées selon une boucle de régulation réflexe. Lorsque les barorécepteurs artériels détectent une variation de la pression artérielle, leurs terminaisons nerveuses transportent un message afférent vers le centre nerveux intégrateur qui compare la valeur de la pression artérielle à sa valeur de consigne qui est la valeur de référence physiologique. En fonction de cette valeur de consigne, les centres vasomoteurs et cardiaques du bulbe rachidien vont émettre un message efférent via les nerfs sympathiques et parasympathiques des centres bulbaires vers les effecteurs (cœur et muscles lisses de la paroi des artères et artérioles) qui vont réguler la pression artérielle.

Différence entre pression et tension artérielle

■ On appelle pression artérielle la pression du sang dans les artères. La tension artérielle correspond à la force exercée par le sang sur la paroi des artères. C'est une tension mécanique, elle est déterminée par la pression du sang et l'élasticité de la paroi des artères.

■ Bien que l'unité internationale de mesure de pression soit le pascal (Pa), la pression artérielle est la plupart du temps, selon l'usage, mesurée en centimètres de mercure (cmHg), parfois en millimètres de mercure (mmHg).

Exemple : Une valeur de tension de 11/8 trouvée pour un patient s'explique de la manière suivante.

Les deux mesures correspondent à :

– la pression maximale au moment de la systole ou contraction du cœur, soit une pression systolique de 11 cmHg ;

– la pression minimale au moment de la diastole ou relâchement du cœur, soit une pression diastolique de 8 cmHg.

Mais l'appareil de mesure, **tensiomètre** ou **sphygmomanomètre**, affichera le résultat en mmHg, soit 110/80.

Vasoconstriction des vaisseaux lorsque l'organisme est en état d'hypotension

■ La paroi des vaisseaux est constituée de muscles lisses. Lorsque l'organisme est en état d'hypotension, sous l'action de l'inhibition du nerf pneumogastrique et de l'activation du nerf sympathique, le débit cardiaque augmente, il y a vasoconstriction, c'est-à-dire contraction des muscles lisses de la paroi des vaisseaux, ce qui détermine une augmentation de la pression artérielle.

Vasodilatation des vaisseaux lorsque l'organisme est en état d'hypertension

■ Lorsque l'organisme est en état d'hypertension, sous l'action de l'activation du nerf pneumogastrique et de l'activation du nerf parasympathique, le débit cardiaque diminue, il y a vasodilatation, c'est-à-dire relâchement des muscles lisses de la paroi des vaisseaux, ce qui détermine une diminution de la pression artérielle.

Vérifier ses connaissances

Dans les exercices 1 à 6, relevez les affirmations exactes et corrigez celles qui sont inexactes.

1 L'activité cardiaque :

a. est accélérée par le système sympathique.
b. est modérée par le système sympathique.
c. est accélérée par le système parasympathique.
d. est modérée par le système parasympathique.

▸ corrigé p. 208

2 Le système nerveux sympathique :

a. est activé lors d'un exercice ou d'un stress.
b. est inhibé lors d'un exercice ou d'un stress.
c. agit par l'intermédiaire d'un neurotransmetteur, l'acétylcholine.
d. agit par l'intermédiaire d'un neurotransmetteur, l'adrénaline.

▸ corrigé p. 208

3 Le système nerveux parasympathique :

a. agit par l'intermédiaire du nerf sympathique.
b. agit par l'intermédiaire du nerf pneumogastrique.
c. a pour neurotransmetteur l'acétylcholine.
d. a pour neurotransmetteur l'adrénaline.

▸ corrigé p. 208

4 Les barorécepteurs artériels :

a. détectent la variation de la pression artérielle.
b. détectent la variation du débit cardiaque.
c. ne détectent pas la variation de la pression cardiaque.
d. ne détectent pas la variation de la pression artérielle.

▸ corrigé p. 208

5 La variation de pression artérielle :

a. constitue une perturbation codée en influx nerveux transportés par les nerfs de Cyon et Hering.
b. constitue un message codé en influx nerveux transportés par le sang.
c. constitue un message transporté vers le centre bulbaire par des nerfs.
d. constitue un message transporté vers le centre cardiaque par des nerfs.

▸ corrigé p. 208

6 La pression artérielle :

a. est régulée par le réflexe cardioaccélérateur.

b. n'est pas régulée par le réflexe cardiomodérateur.

c. est régulée par le réflexe cardioaccélérateur et le réflexe cardiomodérateur.

d. est régulée par le réflexe cardioaccélérateur mais pas par le réflexe cardiomodérateur.

▸ corrigé p. 208

S'entraîner

7 Action du système nerveux sur le cœur d'une grenouille

On a pu mettre en évidence le rôle du système nerveux sympathique sur l'activité cardiaque d'une grenouille en étudiant les cardiogrammes obtenus au cours de la stimulation électrique des nerfs pneumogastriques et sympathiques.
Le cerveau et la moelle épinière ont été détruits au préalable afin de supprimer toute influence du système nerveux central.
Le montage ci-dessous permet d'enregistrer l'activité cardiaque chez une grenouille.

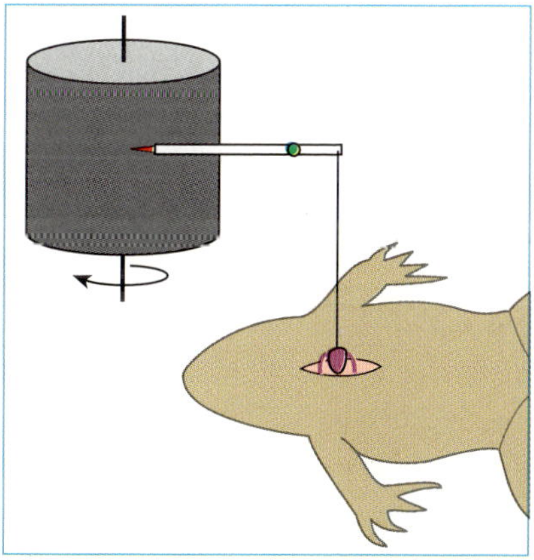

Doc. 11. Montage pour enregistrer l'activité cardiaque chez une grenouille.

Le document 12 ci-après montre les cardiogrammes obtenus au cours de la stimulation électrique des nerfs pneumogastriques et sympathiques.

Observez sur chacun des cardiogrammes la fréquence cardiaque avant et pendant la stimulation. Quelles conclusions peut-on tirer de cette analyse ?

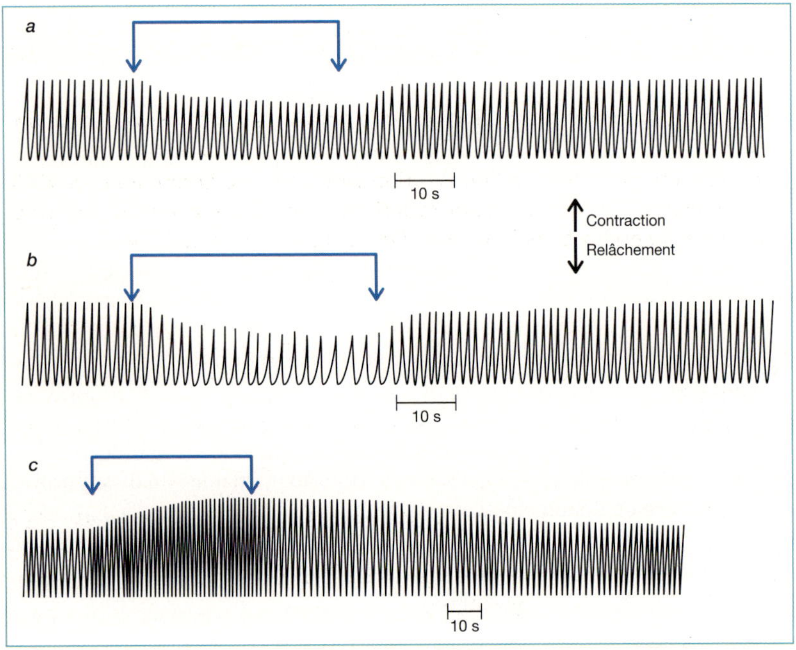

Doc. 12. Cardiogrammes obtenus chez la grenouille au cours de la stimulation du nerf pneumogastrique (a) et (b), et au cours de la stimulation du nerf sympathique (c). Les flèches indiquent le début et la fin de la stimulation.

▸ corrigé p. 208

Problème

8 Rôle de l'innervation cardiaque sur la pression artérielle chez un mammifère

Pour comprendre le rôle de l'innervation cardiaque sur la pression artérielle chez un mammifère, on réalise une expérience chez un lapin. Au cours de cette expérience, on excite le nerf X et le nerf de Cyon (doc. 13 et doc. 14).

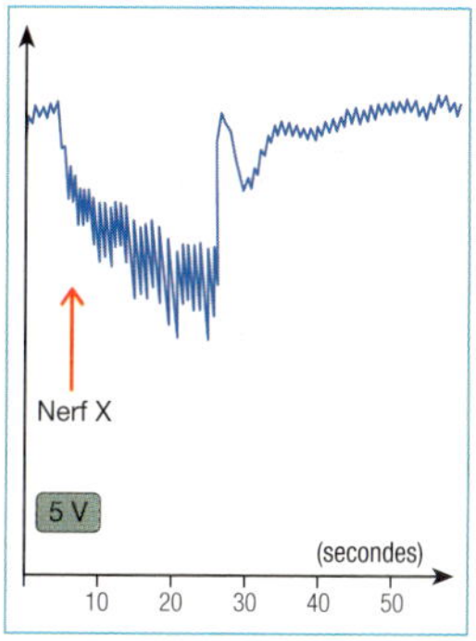

Doc. 13. Évolution de la pression artérielle chez un lapin à la suite d'une excitation de 5 V appliquée durant 10 secondes sur le nerf X (parasympathique).

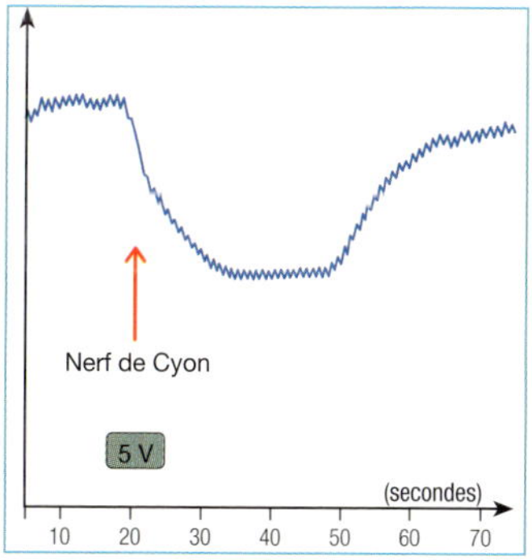

Doc. 14. Évolution de la pression artérielle chez un lapin à la suite d'une excitation de 5 V appliquée durant 10 secondes sur le nerf de Cyon (sympathique).

1. Analysez les documents 13 et 14 et précisez le rôle des nerfs X et Cyon.
2. Concluez en précisant les facteurs contrôlant la baisse de la pression artérielle dans le cas d'une régulation rapide.

▸ corrigé p. 208

1 a. **Vrai.** b. **Faux.** c. **Faux.** d. **Vrai.**

2 a. **Vrai.** b. **Faux.** c. **Faux.** d. **Vrai.**

3 a. **Faux.** b. **Vrai.** c. **Vrai.** d. **Faux.**

4 a. **Vrai.** b. **Faux.** Ils détectent la variation de la pression artérielle. c. **Vrai.** d. **Faux.**

5 a. **Vrai.** b. **Faux.** Elle constitue une perturbation ou message codé en influx nerveux transportés par les nerfs de Cyon et Hering. c. **Vrai.** Ce sont les nerfs de Cyon et Hering qui transportent le message. d. **Faux.** Les nerfs de Cyon et Hering transportent le message vers le centre bulbaire.

6 a. **Vrai.** b. **Faux.** Elle est régulée par le réflexe cardiomodérateur. c. **Vrai.** d. **Faux.** Elle est régulée par le réflexe cardioaccélérateur et par le réflexe cardiomodérateur.

7 Sur les tracés a et b, après la stimulation du nerf pneumogastrique, la fréquence cardiaque diminue. On en conclut que le nerf pneumogastrique a une action cardiomodératrice.
Sur le tracé c, après la stimulation du nerf sympathique, la fréquence cardiaque augmente. On en conclut que le nerf sympathique a une action cardio-accélératrice.

8 1. ■ **Document 13.** On remarque sur ce tracé qu'une excitation de 5 V appliquée durant 10 secondes sur le nerf X (parasympathique) provoque une baisse de la pression artérielle.
Document 14. On remarque sur ce tracé qu'une excitation de 5 V appliquée durant 10 secondes sur le nerf de Cyon (sympathique) provoque une baisse de la pression artérielle.
2. Dans le cas d'une régulation rapide, les nerfs de Cyon et Hering ont une action modératrice sur la pression artérielle.

16 La fragilité du système musculo-articulaire

I Un exemple d'accident musculo-articulaire, l'entorse du genou

1 Les conditions d'apparition de l'entorse du genou

■ Selon le dictionnaire de médecine Flammarion, on appelle **entorse** un ensemble de lésions produites par un traumatisme articulaire sans que cela se traduise par une perte permanente de contact entre les surfaces articulaires. Le document 1 montre une **radiographie d'entorse du genou**.

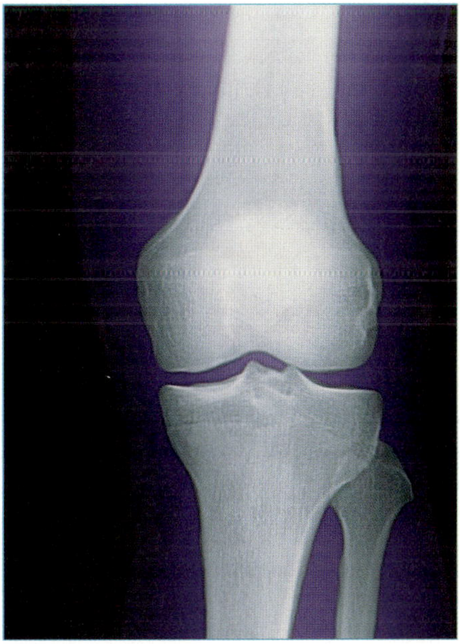

Doc. 1. Radiographie du genou vu de face.

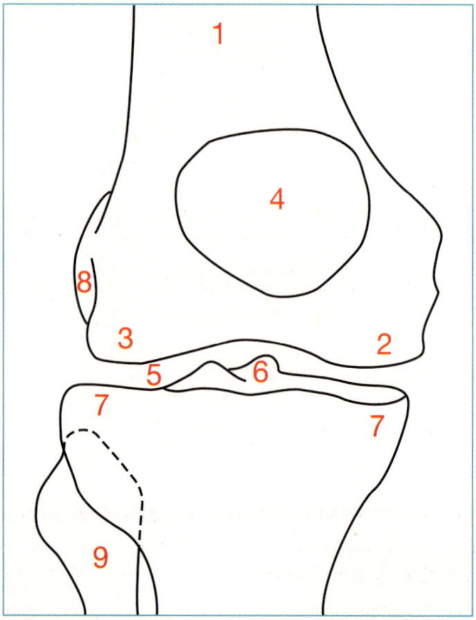

Doc. 2. Genou vu de face. 1. diaphyse fémorale ; **2.** condyle interne ; **3.** condyle externe ; **4.** rotule ; **5.** interligne fémoro-tibial ; **6.** épines tibiales ; **7.** plateaux tibiaux ; **8.** gouttière du tendon du muscle poplité ; **9.** tête du péroné.

On remarque que l'**articulation** est un système emboîté dans lequel se trouve un liquide, la **synovie,** qui facilite le déplacement relatif des os. On parle d'un **système emboîté et lubrifié.**

■ La synoviale, tissu tapissant l'intérieur des articulations, constitue la face profonde de la capsule articulaire. Ce tissu, composé essentiellement de fibres élastiques et de graisse, sécrète le liquide synovial qui lubrifie et nourrit le cartilage. La synovie joue un rôle non seulement mécanique mais aussi de défense contre l'inflammation et toutes sortes d'infections.

➲ Lors d'infections, d'épisodes inflammatoires ou, le plus souvent, en cas d'agression mécanique, la synovie s'épaissit et sécrète alors un excès de liquide. On parle d'*épanchement de synovie*.

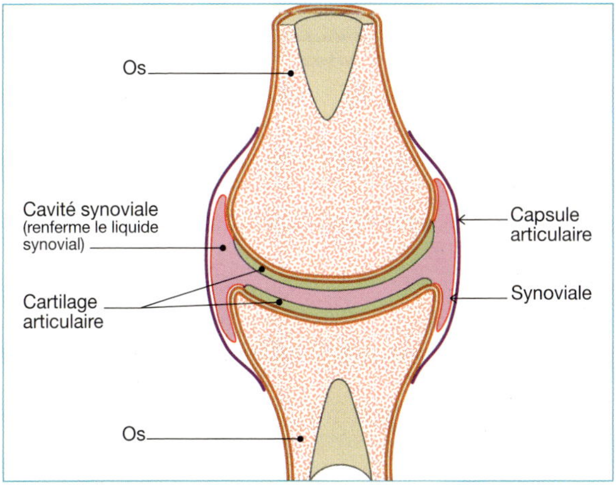

Doc. 3. Cavité synoviale et synovie dans l'articulation.
Dans la **capsule articulaire**, on trouve un liquide, la synovie, qui joue un rôle de lubrifiant.

■ En comparant le document 1 aux documents 2 et 3, on remarque que lorsqu'il y a une entorse, les surfaces articulaires ne restent pas bien en contact ; c'est ce que l'on observe sur la radiographie du document 1. En effet, le plateau tibial est décalé par rapport au condyle interne du fémur.

■ Les surfaces articulaires sont maintenues en contact par des **ligaments,** structures tendues d'un os à l'autre et permettant de maintenir le contact entre les surfaces articulaires au cours des mouvements. Ils sont responsables de la stabilité de l'articulation. Lorsque l'un des ligaments a subi une atteinte traumatique, l'entorse apparaît. Cette atteinte traumatique peut aller de la distorsion à la rupture.

■ Le document 4 montre qu'il existe 4 ligaments principaux, 2 ligaments croisés en position centrale (**LCA** : ligament croisé antérieur et **LCP** : ligament croisé postérieur) et de chaque côté, les **ligaments latéraux**, interne et externe.

On parle d'entorse bénigne lorsque les ligaments latéraux sont atteints et d'entorse grave lorsque le LCA ou le LCP est atteint.

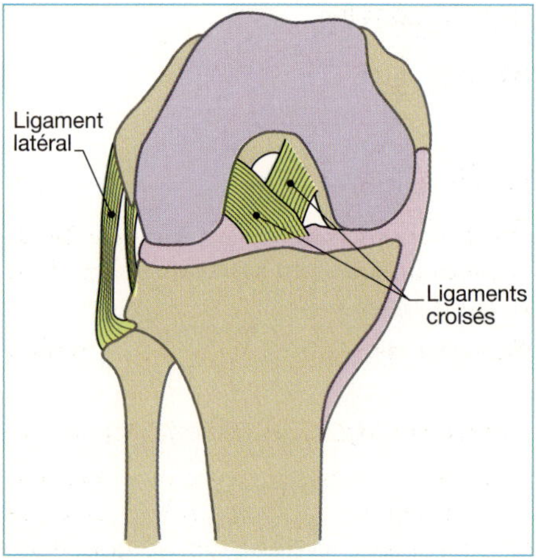

Doc. 4. Les ligaments du genou.

2 Accident musculaire

■ Un muscle est une structure contractile constituée aussi d'un tendon. On parle d'**unité tendinomusculaire**, responsable du mouvement des articulations. Le tendon est l'élément permettant d'attacher le muscle à l'os.

Lorsqu'un muscle subit un traumatisme, on parle **d'accident musculaire.**

■ Les lésions musculaires présentent différents degrés de gravité. On distingue :

– **l'élongation**, accident bénin non détectable à l'échographie. C'est l'étirement de quelques fibres musculaires sans qu'il y ait de saignement ;

– La **déchirure ou claquage**, accident douloureux détectable à l'échographie. C'est la rupture d'un certain nombre de fibres musculaires provoquant un hématome dans le muscle ;

– **la rupture,** visible au sein du muscle contracté. On voit apparaître une boule dans le muscle contracté.

■ Les accidents musculaires peuvent avoir lieu soit dans la partie charnue du muscle, soit à la jonction avec les tendons. Les accidents musculo-articulaires apparaissent donc à la suite de la détérioration du tissu musculaire, des tendons, ou de la structure de l'articulation.

Le muscle strié squelettique, comme les articulations, constituent un **système fragile** qu'il est donc indispensable de protéger pour préserver sa santé.

II L'origine des accidents musculo-articulaires

1 Les facteurs à l'origine de l'accident

■ Ces accidents sont souvent occasionnés par des **exercices musculaires puissants**, au cours desquels ont lieu des chocs directement sur le muscle qui est alors écrasé (exemple des « béquilles » sur la cuisse).

Ces accidents surviennent aussi en l'absence **de régulation du mouvement** à l'issue d'un geste brutal.

Ces deux causes déterminent l'apparition de lésions sensiblement identiques.

■ Si on fait un geste nécessitant une contraction très puissante au moment où l'unité tendino-musculaire est en plein étirement et à grande vitesse, les deux forces antagonistes, étirement et contraction créent des contraintes à l'intérieur du muscle et ces contraintes dépassent le seuil de résistance de l'unité tendino-musculaire. C'est ce qui provoque des lésions par la déchirure graduelle à complète des structures contractiles.

2 Organisation des muscles striés squelettiques

■ Ce sont les muscles qui sont les principaux organes effecteurs du mouvement. Un tissu richement vascularisé enveloppe les muscles.

■ On distingue plusieurs types de muscles possédant des fonctions différentes. Ces sont les muscles striés et les muscles lisses. Parmi les muscles striés, on trouve les muscles squelettiques et le muscle cardiaque.

■ De nombreuses cellules musculaires constituent un muscle strié. Ces cellules musculaires possèdent de très nombreuses myofibrilles formées de **myofilaments** fins assurant la contraction.

■ Si on observe au microscope optique ou photonique un morceau de muscle coupé transversalement, on peut voir des cellules très longues et allongées comportant des bandes sombres et des bandes claires. Les noyaux sont placés à la périphérie. Les bandes sombres correspondent à l'espace occupé par les myofilaments épais (myosine) et les bandes claires à celui occupé par les myofilaments fins (actine). Au centre des bandes claires on distingue une ligne plus sombre correspondant aux disques Z.

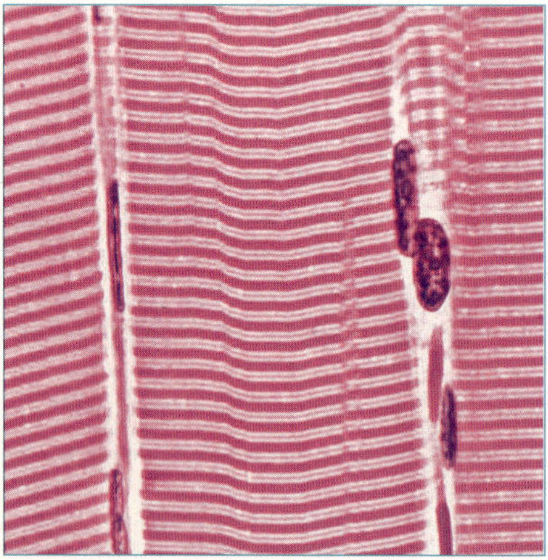

Doc. 5. Observation en microscopie photonique de fragments de cellules musculaires squelettiques.

Sur le document 6, on peut repérer deux sortes de bandes, une bande claire (I) et une bande sombre (A). Une bande claire est l'espace compris entre deux bandes sombres. Ces bandes sont le résultat de l'organisation des myofilaments d'actine et de myosine.

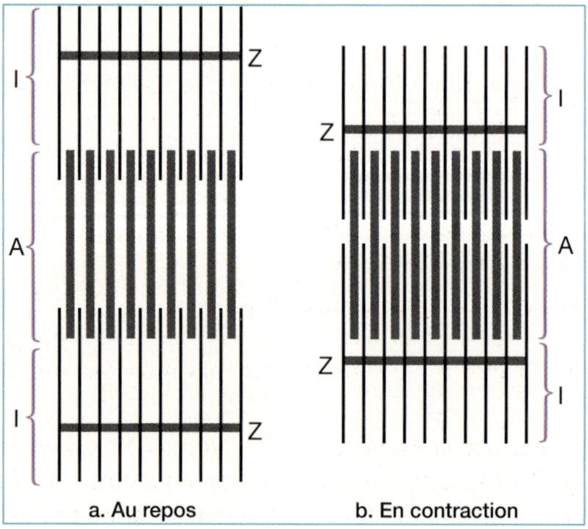

Doc. 6. Myofibrilles du muscle strié humain. La contraction se traduit par un raccourcissement des myofibrilles, et donc de l'ensemble de la cellule.

III Pratiquer une activité physique en préservant sa santé

■ Quatre muscles sont l'objet de 90 % des accidents musculaires. Ce sont le quadriceps (situé sur le devant de la cuisse), les ischio-jambiers (situés en arrière de la cuisse), les adducteurs (situés en dedans de la cuisse) et le jumeau interne (situé au niveau du mollet). Ces muscles peuvent développer beaucoup de force tout en ayant des possibilités d'étirements réduites.

■ **Exercices trop intenses**

Dans les sports mobilisant les membres inférieurs (football, handball, course de vitesse, etc.), il y a souvent de nombreuses accélérations et des sauts qui, dans certaines situations, peuvent être à l'origine d'accidents du système musculo-articulaire.

■ **Dopage**

Dans le but d'améliorer les performances, certains sportifs absorbent des substances afin d'augmenter artificiellement leurs capacités physiques ou de diminuer leurs temps de récupération. C'est le dopage, conduite à risque pouvant avoir des conséquences très graves sur la santé. Certains produits augmentent la force et la puissance musculaire, d'autres améliorent l'oxygénation ou permettent aux sportifs de se dépasser et pour cela de vaincre la sensation de fatigue.

– Le **cannabis** est un produit dopant car il masque la douleur et la fatigue. Lors de l'entraînement, il provoque une diminution de la concentration, de l'attention, de la coordination et de la motricité. En masquant la fatigue et en diminuant la coordination des mouvements, il augmente le risque d'accidents musculo-articulaires.

– Les **stéroïdes anabolisants,** comme la testostérone, ont de nombreux effets secondaires dont des lésions musculo-tendineuses.

■ **Des anesthésiques locaux** (procaïne, lidocaïne, tétracaïne…) utilisés lors d'infiltrations peuvent aussi avoir des effets secondaires comme le masquage du signal physiologique pouvant être à l'origine d'accidents musculo-tendineux ou articulaires.

Suite à l'identification des lacunes de la loi de 1989, il a été mis en place un nouveau dispositif antidopage. Tout sportif doit subir un examen médical avant d'être licencié ou de participer à une compétition. Dans cette loi, il y a obligation d'alerter le médecin en contact avec le sportif dopé qui doit informer son patient des risques encourus.

➲ Le CPLD est le Conseil de prévention et de lutte contre le dopage.

SCHÉMA BILAN

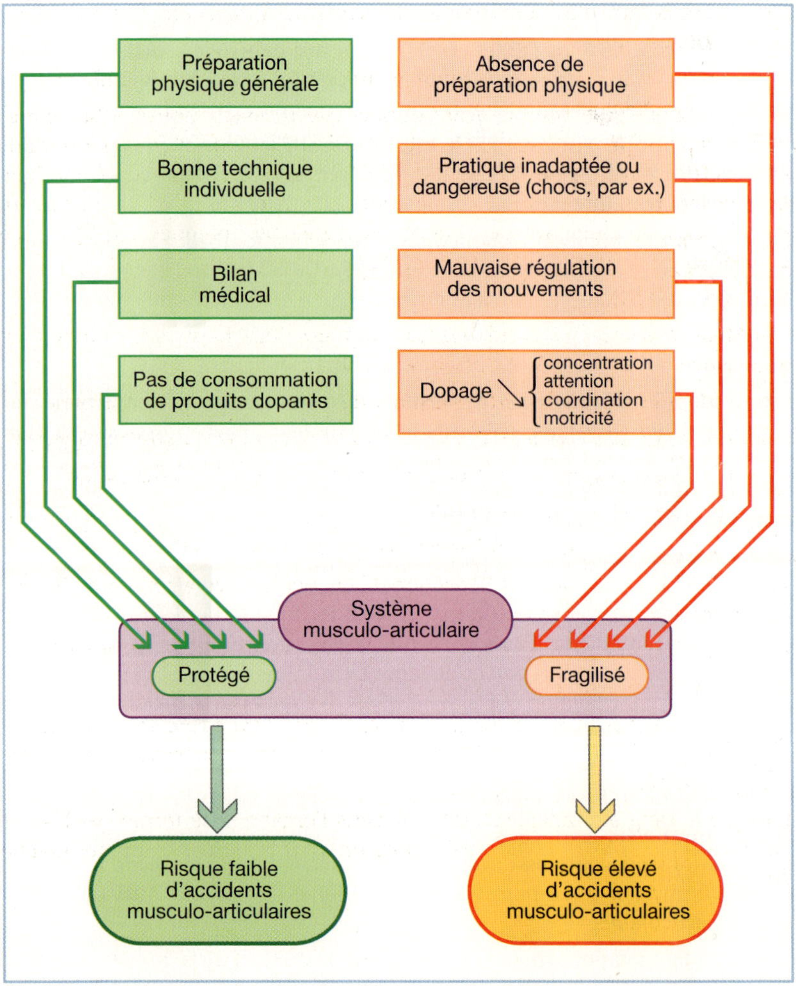

Doc. 7. Pratiquer une activité sportive en préservant sa santé. Des exercices trop intenses, des conduites à risque (dopage) augmentent la fragilité du système musculo-articulaire et sont à l'origine de traumatismes et d'accidents de gravité variable.

L'imagerie par résonance magnétique nucléaire

■ L'IRM est une technique d'imagerie médicale apparue au début des années 1980 et permettant d'avoir une vue en deux ou trois dimensions d'une partie du corps, notamment le cerveau.

Elle repose sur le principe de **résonance magnétique nucléaire** ou RMN.

■ On applique une combinaison d'ondes électromagnétiques à haute fréquence sur une partie du corps. On mesure ensuite le signal réémis par certains atomes (ex. : l'hydrogène). On peut ainsi déterminer la composition chimique et de ce fait, la nature des tissus biologiques en chaque point du volume défini dans l'image obtenue. Avec les différentes séquences obtenues, il est possible d'observer les tissus mous et de repérer les éventuelles anomalies.

■ **Intérêt de l'IRM**

La plupart des lésions musculaires traumatiques étant bénignes, comme c'est un examen coûteux, l'IRM est essentiellement indiquée :

- pour identifier l'importance des lésions chez les athlètes de haut niveau ;
- pour déterminer les athlètes qui auront à subir une intervention chirurgicale ;
- pour établir un diagnostic rapide et exact en toute situation d'urgence.

■ **Aspect normal du muscle en IRM**

Le muscle est bien délimité par le tissu adipeux ou graisse adjacente.

En IRM, on l'étudie toujours dans deux plans perpendiculaires et on effectue des coupes axiales dans tous les cas.

Dans les lésions bénignes, on effectue des études bilatérales et comparatives.

■ **Aspect pathologique du muscle en IRM**

Toutes les lésions musculaires aiguës provoquent un mélange d'œdème et d'hémorragie. En IRM, l'aspect de la lésion change en fonction de son caractère complet ou non.

Lorsque le sang et l'œdème s'infiltrent dans l'organe, il se forme des lésions aiguës et incomplètes. Le muscle a alors un aspect particulier qu'on qualifie de « peigné ».

Vérifier ses connaissances

Dans les exercices 1 à 4, relevez les affirmations exactes et corrigez celles qui sont inexactes.

1 Les accidents musculaires :

a. peuvent avoir lieu uniquement dans la partie charnue du muscle.

b. peuvent avoir lieu uniquement au niveau des tendons.

c. apparaissent à la suite de la détérioration du tissu musculaire, des tendons, ou de la structure de l'articulation.

d. apparaissent uniquement à la suite de la détérioration du tissu musculaire.

▸ corrigé p. 221

2 Le muscle strié squelettique :

a. comme les articulations, constitue un système fragile qu'il est donc indispensable de protéger pour préserver sa santé.

b. constitue à lui tout seul un système fragile qu'il est indispensable de protéger pour préserver sa santé.

c. comme les articulations constitue un système solide.

d. comme les articulations ne constitue pas un système solide.

▸ corrigé p. 221

3 Ces accidents musculaires sont souvent occasionnés :

a. par des exercices musculaires puissants.

b. par des exercices musculaires longs mais de faible intensité.

c. par l'absence de régulation du mouvement.

d. par des gestes mesurés.

▸ corrigé p. 221

4 Les accidents du système musculo-articulaire peuvent avoir pour origine :

a. Le cannabis, produit dopant car il masque la douleur et la fatigue lors de l'entraînement.

b. Le cannabis, produit non dopant, car il baisse la vigilance du sportif.

c. les anesthésiques locaux utilisés lors d'infiltration et pouvant masquer le signal physiologique.

c. les anesthésiques généraux utilisés lors d'interventions chirurgicales.

▸ corrigé p. 221

S'entraîner

5 Augmentation des troubles musculo-squelettiques ces dernières années

« En 2004, on a dénombré 937 affections péri-articulaires professionnelles indemnisées pour des salariés du régime général de Bourgogne (74 % des maladies indemnisées) et 119 lombalgies (9,5 %).

Le nombre des maladies indemnisées par le régime général a triplé en 5 ans, du fait essentiellement de la hausse des troubles musculo-squelettiques (TMS), et de la création, en 1999, de tableaux « lombalgies ».

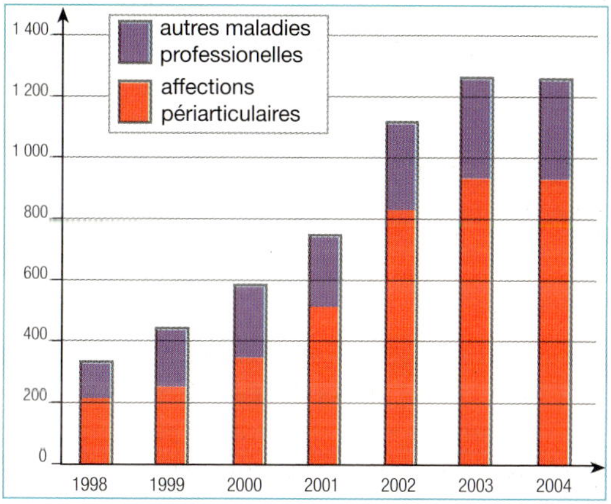

Doc. 8. Évolution des premières indemnisations pour maladies professionnelles en Bourgogne.

L'augmentation très importante, ces dernières années, des TMS parmi les maladies professionnelles a suscité des programmes d'actions de prévention en milieu professionnel dans les divers secteurs d'activité.

On peut distinguer deux types de facteurs de risque des affections ostéo-articulaires retenues dans la loi de santé publique (arthrose, lombalgies, polyarthrite rhumatoïde, spondylarthropathies, ostéoporose) : individuels, sur lesquels on a, globalement, peu de prise, ou comportementaux et environnementaux, pour lesquels des actions de prévention peuvent être envisagées. »

Source : CRAM Bourgogne Franche-Comté

1. Identifiez les deux types de facteurs de risque des affections ostéo-articulaires.
2. Proposez les mesures à prendre pour y remédier.

▸ corrigé p. 221

Problème

6 Les facteurs à l'origine des accidents musculo-tendineux

L'extrait ci-dessous provient d'un article du médecin de la section athlétisme du Toulouse Université Club (TUC) et nous retrace l'épidémiologie des accidents musculo-tendineux et ostéo-articulaires dans la pratique de l'athlétisme et d'autres sports.

> « 5,7 lésions pour 1 000 heures de pratique : 50 % des blessures sont des atteintes tendineuses modérément graves. Les trois spécialités les plus « risquées » sont le sprint (46 % des lésions), le fond (17 % des lésions) et le saut à la perche (10 % des lésions), les autres disciplines représentant 27 % des lésions en athlétisme.
>
> « En comparaison avec d'autres sports :
>
> « Pour le football le risque moyen est de 5 accidents pour 100 matches en amateur et de 60 accidents pour 1 000 jours de pratique pour les professionnels : le risque est fonction de l'âge des participants : pour 1 000 heures de pratique, on recense 4 lésions pour les adultes et 5,5 pour les adolescents. Le nombre d'accidents déclarés par rapport au nombre d'adhérents est de 5 %.
>
> « Pour le rugby, on recense en moyenne 55 accidents pour 1 000 jours de pratique et 10 accidents pour 100 licenciés.
>
> « Pour le judo, le nombre déclaré d'accidents par rapport au nombre de licenciés est de 16 %.
>
> « Pour le basket-ball, une étude faite sur deux saisons en Pro-A (95-96 et 96-97) avait mis en évidence que plus de 50 % des joueurs avaient été blessés et avaient présenté 1 à 2 blessures par saison. »

1. Citez les facteurs à l'origine de ces accidents.
2. Identifiez les contraintes subies par les unités tendino-musculaires.
3. Précisez quels pourraient être ces facteurs pour chaque type.
4. Indiquez comment pratiquer une activité physique en préservant sa santé.

▸ corrigé p. 223

1 a. **Faux.** Ils peuvent avoir lieu soit dans la partie charnue du muscle, soit à la jonction avec les tendons.

b. **Faux.**

c. **Vrai.**

d. **Faux.**

2 a. **Vrai.**

b. **Faux.**

c. **Faux.** C'est un système fragile et il est donc indispensable de le protéger pour préserver sa santé.

d. **Vrai.**

3 a. **Vrai.**

b. **Faux.** Ils ont lieu au cours d'exercices musculaires puissants au cours desquels des chocs sont portés directement sur le muscle.

c. **Vrai.**

d. **Faux.** C'est à l'issue de gestes brutaux.

4 a. **Vrai.**

b. **Faux.** C'est un produit dopant et il masque la douleur et la fatigue lors de l'entraînement.

c. **Vrai.**

d. **Faux.**

5 1. **Les facteurs individuels.**

– Les facteurs génétiques

On peut prendre l'exemple de l'arthrose pour laquelle il peut y avoir une prédisposition génétique. En effet si un des parents souffre d'arthrose, le risque d'être également atteint par la maladie est deux à trois fois plus élevé que pour le reste de la population) ; c'est la même chose pour la polyarthrite rhumatoïde, les spondylarthropathies…

– L'âge

Il est aussi un critère important dans l'apparition et le développement des affections ostéo-articulaires car l'arthrose apparaît plus fréquemment lorsque l'articulation devient plus sensible et vieillit. 25 % des femmes de 65 ans ou plus et 50 % à partir de 80 ans sont concernées par l'ostéoporose.

– *Le sexe*

Il intervient aussi puisque les femmes sont plus sensibles et exposées à l'ostéoporose et souffriraient plus fréquemment d'une arthrose des doigts et du genou que les hommes…

Les hormones sexuelles comme les œstrogènes ont un rôle protecteur puisque l'arthrose est plus fréquente chez les femmes ménopausées.

Les facteurs comportementaux et environnementaux

– *Une alimentation pauvre en vitamines C et D.*

Elle peut favoriser l'ostéoporose. Un apport adapté de ces nutriments à tous âges peut à l'inverse diminuer le risque.

– *La surcharge pondérale*

Les articulations du genou sont affectées par le surpoids ou l'obésité. Mais cependant un poids et un indice de masse corporelle faibles augmentent le risque d'ostéoporose.

– *Certaines activités de loisirs* (le jardinage), certaines activités sportives irrégulières et/ou de fortes intensités.

– *Certaines activités professionnelles* soumettant à des vibrations mécaniques, à des chocs répétés, ou mobilisant des gestes répétitifs peuvent provoquer l'apparition d'arthrose et de troubles musculo-squelettiques (dont certains sont reconnus comme maladies professionnelles).

2. Pour y remédier, les femmes ménopausées peuvent prendre pendant une durée limitée, juste après la ménopause des hormones de substitution (THS : Traitement hormonal de substitution).

Il est aussi indispensable d'associer une alimentation équilibrée à une activité appropriée afin de réduire le risque des affections ostéo-articulaires.

Trouver une activité modérée et adaptée à chaque âge est indispensable pour réduire ces problèmes.

Pour limiter les principaux facteurs de risque biomécaniques des TMS il serait nécessaire :

– de prendre conscience de la forte répétitivité des gestes dans certains métiers, d'essayer de travailler les gestes opposés pour tenter d'établir un équilibre et de sensibiliser aux bons gestes et postures.

– d'éviter les efforts excessifs, les zones articulaires extrêmes ;

– de travailler en position maintenue ;

– d'améliorer l'organisation du travail par la mise en place de périodes de repos ou d'alternance dans les tâches répétitives ;

– d'éviter de travailler pendant une durée excessive.

6 1. Ces accidents sont le plus souvent occasionnés par le surmenage et parfois par des traumatismes.

2. Les efforts mécaniques sont très importants. Les tendons sont soumis à des tractions. Les muscles peuvent subir des compressions, des torsions, des flexions, des cisaillements. La répétition de ces contraintes génère de la fatigue et des microlésions dans les organes concernés.

3. **Facteurs intrinsèques :**

– l'âge : fragilité des sujets en croissance (enfants et adolescents) à cause de la vulnérabilité du cartilage de croissance ;

– le sexe : on a remarqué des perturbations hormonales (aménorrhée) chez des athlètes féminines pratiquant la course de fond. Une fragilisation du squelette a été mise en relation avec ces perturbations.

Facteurs extrinsèques :

– sol synthétique trop dur ou trop souple ;

– gestes techniques trop répétés ou mal répétés ;

– excès ou erreurs au cours de l'entraînement.

4. Pour cela il est indispensable :

– d'effectuer un bilan médical de début de saison pour dépister les sujets à risque ;

– d'avoir une bonne préparation physique générale comprenant : échauffement préalable ; étirement ; alternance des périodes d'étirement et de récupération ;

– d'acquérir une bonne technique individuelle.

TABLE DES ILLUSTRATIONS

Page 8 Doc. 2 ph © Dennis di Cicco/Corbis

Page 15 Doc. 7 ph © Nasa/JPL/Cornell/Novapix

Page 48 Doc. 2 ph © Dr. R. L. Brinster/BSIP

Page 58 Doc. 1 ph © Marie-Christine Brand-Daunay/INRA

Page 59 Doc. 2 ph © Marcel Le Lezec/INRA

Page 67 Doc. 7 ph © J. Chatin/Génoplante/INRA

Page 82 Doc. 12 haut : ph © B. Faye/MNHN/Laboratoire d'anatomie comparée.
Doc. 12 bas : ph © Frédéric Hanoteau/Archives Hatier

Page 113 Doc. 8 ph © Ben Curtis/AP/SIPA

Page 137 Doc. 4 ph © Henri Tabarant/Onlyfrance.fr

Page 166 Doc. 5 ph © Jami Dwyer

Page 194 Doc. 2 ph © SOVEREIGN/ISM

Page 209 Doc. 1 ph © BSIP/SGO

Page 214 Doc. 5 ph © Jean-Claude Révy/ISM

IMPRIM'VERT
Votre imprimeur agit pour l'environnement

Achevé d'imprimer par IME à Baume-les-Dames - France
Dépôt légal : 96894 - 5/01 - mai 2013